仕事が
早く終わる人、
終わらない人 の
習慣

为什么
工作总是做不完

从低效变高效的42个秘诀

（日）吉田幸弘 ◎著
徐秋平 ◎译

化学工业出版社
·北京·

SHIGOTO GA HAYAKU OWARU HITO, ITSUMADEMO OWARANAI HITO NO SHUKAN
by Yukihiro Yoshida
Cover design: Tatsuya Hanamoto（aozora.tv）
Copyright © Yukihiro Yoshida, 2019
All rights reserved.
Original Japanese edition published by ASA Publishing Co., Ltd.
Simplified Chinese translation copyright © 2020 by Beijing ERC Media, Inc.
This simplified Chinese edition published by arrangement with ASA Publishing Co., Ltd., Tokyo, through HonnoKizuna, Inc., Tokyo, and Shinwon Agency Co. Beijing Representative Office, Beijing

本书中文简体字版由ASA Publishing Co., Ltd.授权化学工业出版社独家出版发行。
本书仅限在中国内地（大陆）销售，不得销往中国香港、澳门和台湾地区。未经许可，不得以任何方式复制或抄袭本书的任何部分，违者必究。

北京市版权局著作权合同登记号：01-2020-2968

图书在版编目（CIP）数据

为什么工作总是做不完：从低效变高效的42个秘诀／（日）吉田幸弘著；徐秋平译．—北京：化学工业出版社，2020.8
ISBN 978-7-122-37230-7

Ⅰ.①为… Ⅱ.①吉…②徐… Ⅲ.①工作方法-通俗读物 Ⅳ.①B026-49

中国版本图书馆CIP数据核字（2020）第103885号

责任编辑：郑叶琳　张焕强　　　　　装帧设计：韩　飞
责任校对：王佳伟

出版发行：化学工业出版社
　　　　　（北京市东城区青年湖南街13号　邮政编码100011）
印　　装：三河市双峰印刷装订有限公司
880mm×1230mm　1/32　印张5¼　字数113千字
2020年10月北京第1版第1次印刷

购书咨询：010-64518888　　　　售后服务：010-64518899
网　　址：http://www.cip.com.cn
凡购买本书，如有缺损质量问题，本社销售中心负责调换。

定　　价：42.00元　　　　　　　　　　版权所有　违者必究

自我诊断小测试

你的工作状态还好吗？

- 经常感觉到工作时间紧张，总是处于备战状态
- 工作资料总是力求尽善尽美
- 无条件满足上司或者客户提出的苛刻时间期限要求
- 稍有空闲就争分夺秒回复电子邮件
- 工作忙碌甚至都无法留出恢复精力的午休时间

如果你有上面的"症状"，阅读本书前，请先对自己目前的工作状态做个自我诊断。请在以下项目中，选择符合你目前工作状态的选项（可多选）。

自行检测试试看！

- 1年以上都未用过的东西始终舍不得扔掉
- 花费精力教会别人不如自己亲力亲为节省时间
- 性情暴躁易怒
- 接到任务就立马着手
- 临近截止日期才匆忙开展工作
- 不擅长拒绝他人
- 电子邮件陈述内容冗长
- 工作就是应该在办公桌前完成
- 常用联络方式是电子邮件

☐ 不能及时反省失误和失败
☐ 尽管认为无益但仍在做的神圣工作有 5 项以上
☐ 看到优哉游哉的人心情就莫名烦躁
☐ 希望得到所有人的肯定
☐ 特别在意上司或者老员工的看法
☐ 计划表满满当当否则内心不安
☐ 对忙碌的自己有些自我陶醉
☐ 1 天当中没有预留出 2 小时左右可供有效减压的时间
☐ 为慎重起见资料准备极为详尽
☐ 认为手写记录效率低，多依赖电脑
☐ 认为闲谈就是浪费时间

测试结果分析

- 符合 15 项以上者，处于紧急状态。

  工作时间不断增长，渐渐陷入螺旋形重复。强烈推荐阅读本书！

- 符合 10 项以上者，属于工作时间增加的潜在人群。

  建议浏览本书目录，其中您关注的篇章将会带来新的启发！

- 符合 5 项以上者，暂时安全，但是未来工作时间增加的风险依然存在。

  为避免这种风险，请参阅本书，您将对思维方式、情绪管理有新的领悟。

- 符合项目不足 4 项者，此书不读也无伤大雅。

  然而您在向部下或者新入职人员提供建议时可将本书作为参考，推荐一读。

本书提供 42 项提高工作效率的技巧。无须面面俱到，各取所需即可。

前言

假设有两位商务人士，A 和 B。

两人同时入职同一家公司，工作已有 7 年，两人承担着同样性质的工作。

A 工作认真负责，一心扑在工作上，然而工作难见成效，工作中更是感到困难重重。

- 加班到很晚，但是工作成效依然没有提高。
- 忙的时候，感觉工作一件堆一件干起来没完没了。
- 周末在家也必须要工作，脑海里总是想着工作的事情。

而 B 呢，不仅工作完状态看起来很轻松，而且取得了很好的成效。原以为 B 定是起早贪黑埋头于工作的类型，然而事实上却并非如此。

- 每日定时回家（按时下班回家）。
- 会议上经常提出新的方案，且得到大家肯定。
- 非常珍惜与家人和朋友相聚的时光。

- 平时保持运动的习惯，身心处于理想的健康状态。
- 与公司外的人保持着良好的人际关系往来。

A与B形成了鲜明的对比。

随着时间的流逝，两者之间的差距逐渐拉大。终于，在入职10年后，B成了A的上司，两者之间年收入的差别凸显。可能会有人为A打抱不平：A工作如此认真负责，却没有回报，实在是不公平。

但是，我们要记住的是：企业是营利性团体。

对取得成绩的人予以奖励，理所当然。

假设你是这家公司的经营管理人员，你会推选谁走上管理岗位？

或者，假设你是普通公司职员，你想要成为A？还是想要成为B？

如今我在这里，写书与大家分享高效工作的技巧，讨论研修、演讲等话题。谁曾想到，曾经的我，有段时间的工作状态和A如出一辙。

我在公司上班，每天起早贪黑熬夜工作。有时连休假的日子也没能休息。白天出去拜访客户，晚上回到办公室，还得准备资料，或制作计划书、企划书，想着助团队其他成员一臂之力。

然而，无论我工作如何努力，工作丝毫不见减少，反而让加班成为常态。一方面，晚上经常加班，因此睡眠不足，而早上又因为头昏脑胀，工作完全不在状态。有的时候，我甚至是**一边灌着能量饮料，一边打起精神强撑着上班**。然而，有时候看到其他同事，轻轻松松地就完成了工作。我就会想：估计是他工作量太少，我甚至还有些情绪上的反感。但是，通过仔细观察，我发现其实他的工作量并不少，工作时他也并未偷奸耍滑。事实上，他不仅完成的工作量比其他成员多，还有空余时间用来学习新技能，同时还为保持健康而努力锻炼身体。工作非常注重效率，因此工作表现也极为突出。

工作时间长不等于工作进展快。要提升工作表现，必须尽可能缩短工作时间，高效利用时间。这是我通过观察同事所学到的经验。领会到这一点之后，我就以他为师，不断学习他的工作方式。

此外，我还学习读书会或者座谈时的沟通方式、学习缩短劳动时间的技巧，改变工作方式。成为管理人员之后，将这些高效工作法用于实践。将方法传授给团队成员之后，我所管理的团队整体加班次数减少，离职率降低，生产效率提高，成了公司里的"MVP"（most valuable player，最优秀选手）。

在演讲或者咨询会的现场，我经常遇到和从前的我一样的人，他们有着同样的烦恼。有的老觉得"工作越做越多，老做不完"。有的则感觉每天都被工作追着赶着，身心疲惫不堪。

这样的人，大多都有以下共同特征。

- 不擅于拒绝他人，手头工作再多依然不停地接工作。
- 经常为周围人考虑，工作谨慎小心。
- 对方要求的交工期限不合理也尽可能满足。
- 每项工作分门别类，资料制作详细。
- 责任感强，无法将工作交付他人，而是自己一力承担。

总之，主要特征就是：非常认真，又非常照顾他人感受。正因过于认真，过于为他人考虑，结果导致自己手头的工作不断堆积，越堆越多。

自己身心疲惫，很自然会影响到工作表现。表现越来越差，工作效率越来越低，最终导致每天的时间都被工作所霸占。

　　正如陷入了恶性的循环之中。

　　迄今为止，我通过研修、演讲、咨询会等方式，大约与三万人进行了现场交流，分享了一些节约工作时间、提高工作效率的方法。

　　本书围绕其中的高效方法、备受肯定的内容，结合实际操作经验进行分析。通过对两者的习惯差异进行比较，与读者分享高效人士在时间管理、思维方式、情绪管理等方面的优势所在。

　　低效人士之所以效率低下，往往是因为原本出于好心，接下了一堆事情，最终导致自己工作量不断增加。同样，你也有可能在无意识情况下，不断增加自己的工作量和工作时间。

　　本书开头，是一份自我诊断的小测试。对"你的工作状态还好吗？"这一问题进行测试。请大家挑战一下，回忆下如今的你是怎样的工作方式，处于怎样的工作状态。自我诊断中符合项目多者，希望您通过阅读本书，有所获益，争取成为表现优秀且能够按时下班的高效人士。

吉田幸弘
2019年6月

目录

第1章 高效利用时间的方法

- 01 高效人士提着小公文包 | 低效人士背着大公文包 /2
- 02 高效人士存钱从大面值开始 | 低效人士存钱从小面值开始 /6
- 03 高效人士起点即加速 | 低效人士终点才冲刺 /10
- 04 高效人士到公司先泡杯咖啡 | 低效人士到公司先查收邮件 /14
- 05 高效人士日程表清清爽爽 | 低效人士日程表密密麻麻 /20
- 06 高效人士有意识休息 | 低效人士选择不休息 /23
- 07 高效人士保证个人午休 | 低效人士忙于共进午餐 /26

第2章 构建良好职场人际关系的方法

- 01 高效人士重视聊天交流 | 低效人士抗拒私下闲谈 /30
- 02 高效人士挖掘他人优点 | 低效人士关注他人缺点 /34
- 03 高效人士喜欢分析失败 | 低效人士热衷炫耀成功 /38
- 04 高效人士重视发言内容 | 低效人士关注发言对象 /41

05 高效人士及时汇报 | 低效人士即时汇报 /44

06 高效人士体察他人需求 | 低效人士追求效率优先 /47

07 高效人士边界意识很明确 | 低效人士感情用事无边界 /51

08 高效人士无视他人眼光 | 低效人士渴望众人认可 /55

09 高效人士会向下属学习 | 低效人士只向上司请教 /59

第3章 轻松提高工作效率的方法

01 高效人士驾轻就熟 | 低效人士竭尽全力 /64

02 高效人士行动中完善计划 | 低效人士完善计划后行动 /68

03 高效人士求助于人 | 低效人士依赖网络 /71

04 高效人士注重精准反复核对 | 低效人士追求速度急于求成 /74

05 高效人士考虑全再执行 | 低效人士边考虑边行动 /78

06 高效人士真正地在努力 | 低效人士看起来很努力 /81

07 高效人士依靠记录 | 低效人士全凭记忆 /84

08 高效人士公开奋斗目标 | 低效人士绝口不提目标 /88

09 高效人士轻装上阵 | 低效人士负重前行 /92

10 高效人士创造独立空间 | 低效人士办公室里奋斗 /95

第4章 节约时间提高业绩的思维方法

01 高效人士错峰出行 | 低效人士高峰拥挤 /100

02 高效人士星巴克思维 | 低效人士麦当劳思维 /102

③ 高效人士借鉴范本｜低效人士从零开始　/105
④ 高效人士老鹰思维｜低效人士乌龟思维　/108
⑤ 高效人士认为未尝不可｜低效人士认定理应如此　/111
⑥ 高效人士力求优势最大化｜低效人士希望能面面俱到　/114
⑦ 高效人士勇于接受新事物｜低效人士多半会墨守成规　/118
⑧ 高效人士在经验中成长｜低效人士在失败中反复　/122
⑨ 高效人士用时间创价值｜低效人士消耗时间资源　/126

第5章　科学管理情绪的方法

① 高效人士理性客观｜低效人士感情用事　/130
② 高效人士直面内在情绪｜低效人士困于外在情绪　/135
③ 高效人士直面问题｜低效人士隐藏问题　/138
④ 高效人士摆脱消沉努力振作｜低效人士情绪低落无法自拔　/141
⑤ 高效人士选择性屏蔽信息｜低效人士热衷于搜集信息　/145
⑥ 高效人士规律性减压｜低效人士累积性减压　/148
⑦ 高效人士能接受不完美｜低效人士过度追求完美　/151

后记

为什么工作总是做不完：从低效变高效的 42 个秘诀

CHAPTER ONE

第 1 章

高效利用时间的方法

- ① 高效人士提着小公文包　低效人士背着大公文包
- ② 高效人士存钱从大面值开始　低效人士存钱从小面值开始
- ③ 高效人士起点即加速　低效人士终点才冲刺
- ④ 高效人士到公司先泡杯咖啡　低效人士到公司先查收邮件
- ⑤ 高效人士日程表清清爽爽　低效人士日程表密密麻麻
- ⑥ 高效人士有意识休息　低效人士选择不休息
- ⑦ 高效人士保证个人午休　低效人士忙于共进午餐

高效人士提着小公文包
低效人士背着大公文包

你工作时使用的公文包尺寸是大还是小？

观察发现，低效人士大多数比较倾向于使用大公文包。

拜访客户的时候，他们的公文包里面通常都塞得满满当当。有面谈时要给客户看的计划书、预计可能会用得上的参考资料，此外考虑到交通时间也不浪费，公文包里还塞上好几本书，准备利用交通时间的空隙看看书。在职场奔波着的他们，通常都背着沉甸甸的大公文包。然而，大多数情况下，那些打算抽时间看的书，一直安安静静地躺在公文包里。

此外，为客户考虑，他们精心准备了计划书等大量的资料，准备与客户当面详细交流时使用。然而，实际情况是，由于面谈时间有限，又不能快速抓住要点，结果提供给客户的信息往往零碎而不成系统，效果可想而知。

其次，往公文包里塞满大量资料的人，他们的计划表通常也是满满当当。

由于交通时间安排衔接过于紧凑，所以完全没有考虑预留时间以应对突发情况。例如：一天安排五六个客户面谈。倘若其中某个客户交流的时间稍微延长了些，或者不巧中途遇上电车晚点，就会产生一系列的连锁反应，后续所有的日程安排必然受到影响。最后，不仅工作不能按时完成，还会给客户增加诸多麻烦。

而且，低效人士常常接受些超出能力承受范围的工作。通常他们认为工作简单随便可以搞定，这种心理导致了盲目自信，较少考虑工作上精益求精，也不能准确预估完成的时间周期。甚至还有的人，接到任务，连基本的工作计划都不做就开始着手处理。可惜，这样毫无章法的工作方式，不仅无法如期完工，还给对方添麻烦；而同一团队的同事，也不得不帮忙想办法收拾残局。

与之相反，高效人士大多都是使用小公文包。

因为公文包小，所以不会放入大量文件资料。

如此一来，计划书之类的资料，必须精简浓缩为几张。面谈时给客户准备的资料，必须要保证有的放矢，精准服务。

这样准备资料，才能保证与客户交流时快速抓住重点。

高效人士能够正确估计自己单位时间可完成的工作量，不会制定不合理的日程表。他们在接受任务时，会首先考虑自己是否有足够的时间和能力完成任务。因此接下任务之后，基本都能独立按时完成，也很少给他人带来困扰。

即使日程表上每个时间段都排满任务，也有可能因电车延误等不可抗力因素而无法按时执行。因此，在任务时间安排上，需要充分预计到可能出现的风险，预留出充分的调整时间。

能力范围内的工作，确保能按期完成。

高效秘诀：合理安排工作日程表。

我的心得：精简公文包快捷办公

- □ 尽可能使用数字化信息存贮减少使用纸质资料。
- □ 不需要的东西直接丢弃（挑出来）。
- □ 预测可能需要的资料，确认实际确实需要后再放入公文包，回到公司后，将工作相关资料全部取出再次确认。
- □ 只带一本工作笔记。
- □ 笔记用的文具放入笔袋。
- □ 只带两支笔。
- □ 事先考虑客户方需要的资料，准备好专门的文件袋装好备用。
- □ 常备签字笔替换芯，资料装订有序。
- □ 一个文件袋中放入的客户信息，最多不超过两个，避免信息混乱。
- ☐ 最多随身带两本书。
- ☐ 即使是必需品也只多备一份。
- ☐ 水或糖果消耗完后再补充。
- ☐ 尽量减少电子支付。
- ☐ 出席讲座或与客户见面,准备好携带物品清单,只带清单上列出的物品(特殊情况除外)。

高效人士存钱从大面值开始
低效人士存钱从小面值开始

工作内容不同，处理方式也存在差异。有的工作需要集中一段时间来专门处理，有的工作则可以利用碎片化时间来完成。

集中的工作时间，主要用于处理以下业务：用于准备竞标的计划书，拟订下期商品的开发计划、制订计划、预算等。

与之相对，碎片化工作时间可处理以下业务：接电话、回复邮件、完成上司交代的杂务、预定备用品、核算经费等。以上类型的工作通常都可以利用工作间隙的零碎时间完成。

<u>低效人士多将只需碎片化时间可完成的工作置于首位。</u>

假设某天必须完成15个任务。那么，首先完成10个左右比较简单的小任务，这样就只剩下了5个任务了。总而言之，低效人士的目标就是要减轻工作量过多带来的压迫感。

其次，在工作中，遇到客户或上司临时的要求，他们就会将手头的工作先搁置一边，优先腾出时间去处理那些临时加塞的任务。这样做的初衷是因为他们想要尽可能地控制任务总量。

的确，这些临时安排的工作都花不了太长时间，可能只是几分钟的事。但这里5分钟，那里10分钟，零零碎碎累计起来，最后消耗的时间总和也是相当可观的。

此外，他们想当然认为工作任务量减少，工作进展就必然会更加顺利。但事实上却往往事与愿违。因为处理零碎事务花了太多时间，那些需要集中一段时间完成的工作被无限期拖延。

然而，那些需要集中时间完成的工作依然需要做，为了能如期完成，就必须加班加点。有时可能因为上班的工作时间不够，还得将工作带回家继续赶工。很明显，这种方式不仅效率低下，而且实际花费的时间精力也远远超出最初的预计。

工作效率的把控与存钱的原理很相似。

如果往存钱罐里存钱，每次只存1日元的小面值的硬币，等到有个500日元大面值的硬币想存进去时，我们会发现怎么都塞不进去了。为什么呢？因为1日元硬币体积较小,存进去之后硬币之间的间隙很小,空间完全被填满了。

与之相反,每次只存500日元硬币的话,剩下的间隙依然可以塞不少1日元硬币进去。为什么呢?因为500日元硬币相对所占空间较大,硬币之间就会留下些小的缝隙。如此一来,1日元大小的硬币,就还可以塞进去不少。

存钱罐的容量是恒定不变的。如果存钱时,将存的硬币面值大小的顺序更换一下,最后存钱罐存钱的总量必然就会有所不同。职场工作的原理与之相似。

1天只有24小时,这是无人可以改变的客观事实。

因此,必须让有限的时间发挥出最大作用,充分体现价值。我们必须提高效率,优先处理集中时间才能完成的工作,其他业务则可以利用碎片化时间处理。

高效人士确保集中的工作时间,优先处理首要任务。

而且,在集中时间处理重要工作时,中场休息时可随便处理其他普通业务。提前将普通业务按照重要程度列表,根据紧急程度高低,排出先后顺序,然后逐项着手完成。

因为保证了白天专注力高的集中工作时间,工作效率自然就有保障,同时工作周期相应缩短。

遇到领导或者客户的临时工作要求，我们又无法拒绝时，可以试试改变回应方式。

比如有一天，上司临时吩咐你去 C 公司帮忙送份文件，你该怎么办？如果你直接说"我现在很忙，待会儿再送"，这样很可能会得罪上司。不如这样回答："好的！交给我吧！不过要稍等才能送。我现在正在准备下个月提供给 A 公司的竞标标书，估计下午 4 点左右有时间。"这样一来，上司肯定理解竞标书的重要性优先，对于你的回应也不会心生不悦。

始终记住：保证集中的工作时间，优先处理首要任务。

高效秘诀：首先从棘手的工作入手。

高效人士起点即加速
低效人士终点才冲刺

类似建议书或者计划书等需要创造性劳动的工作、新人录用计划的工作,往往花费时间较多、周期较长、难度较大。低效人士在遇到这些任务时,通常会安排工作延后。等到交工的截止日期临近,他们才慌慌张张开始着手。整个过程中,他们都处于被动状态,被工作驱赶着前进。看到距离交工时间还早就稳住不着急,等到工作追着赶着来了,避无可避,他们才开始在终点前拼命加速。这种工作方式我们可以称之为"终点冲刺型"。

他们工作的主导思维大概是:"只要能赶得上截止日期完工就万事大吉。"

然而,这种"终点冲刺型"工作方式,在实际生活中存在着诸多潜在风险。

为什么呢？我们来看看，有可能会产生以下多种风险。

· 截止日期前赶工完成的计划书，完全与上司要求的目标背道而驰。因为返工不得不熬夜加班。

· 原本有长期合作关系的设计师，只需两个工作日就可以交出成品，且质量有保证。然而，临时联系，不巧对方正在休长假。无可奈何，只能通过网络临时选择设计师。但是对方要交工那天才能完成任务，最后整项工作无法按时交付，导致失信于客户。此外，临时更换设计师的结果不仅成本远远超支，品质也远远不如预期。

· 通常情况下，酒店提前两周预订完全可以保证有房入住。拖到入住前才临时订房，结果酒店方早就预约已满，同城的其他酒店同样无房可定。临时安排定会场，结果发现又与其他洽谈会安排冲突。与会人员的住宿问题必须解决，只能舍近求远，选择距离会场较远的其他酒店入住。因为都是临时紧急安排，所以突发情况频频出现，给相关工作人员带来诸多困扰。

如果提前做好准备，而不是临时手忙脚乱，以上问题就不会出现。或者即使出现问题，也能及时预先采取措施应对。接到任务，首先就要"起点加速"，做好充分准备，这样才能有效减少无效的多余工作量。

喜欢在截止日期前才加班加点赶工的人，大多有以下3个特征。

1. 享受临阵磨枪的兴奋感

这种类型的人，特别喜欢踩点完成工作，对他们而言，压力才是行动的驱动力。

学生时代时，他们也往往喜欢在快考试前才临时抱佛脚，熬夜复习备战。截止日期只剩一周时间的时候，每天只睡 3 小时拼命加班加点，成功如期完成工作。以上这些临阵磨枪的体验带来的满足感让其逐渐形成了习惯。

2．大项目依然保持整体打包状态

类似"为 B 公司定制计划书""研讨会的筹备工作"等等，工作任务重，相当于一个大任务包。任由大任务包原封不动保持整体打包状态，不将其拆分为多个小任务，因此迟迟无从下手。

例如：为 B 公司定制计划书的任务下来后，将大任务分解为多个小任务。如"制作打动对方的创意理念"、"计划书的框架概要"、创建目录、安排时间表等，然后分批次逐步逐项完成，如此一来，难度再大的项目也没有问题。（像这样将大项目拆分为多个子项目，心理学上将其称为组块破解。）

如果大的项目，一直处于尚未解压的打包状态，工作难度大，自然进展缓慢。此时畏难心理占了上风："到底如何是好，目前看来完全无从下手啊。不如干脆先把最近要求完成的紧急任务先做了好了。"就这样，这样的心理导致大项目的进度被不断推迟。

其次，由于心中也会不断提醒自己："这件工作必须要开始入手了。"在着手其他工作时，也一直惦记这项工作。这种念头挥之不去，最后还不断干扰到手头正在进行的工作。整个过程中，注意力无法完全集中，效率低下，工作更是迟迟无法顺利如期完成。

3．总是寄希望于未来的自己

有拖延症的人往往有个口头禅：待会儿再做。

"待会儿再做"这句话，实际上隐含着"等会儿我想做的时候再做"或者"过一会儿，过一会儿我自然就会去做"等心态。

其实，即使是待会儿再做，情况并不会有任何改变。接到任务，就要从现在开始行动。人们往往容易有这种想法：未来一定会比现在好。未来的自己一定会比现在的自己更加能干。其实，这种想法不过是种错觉。

工作进展的最大阻碍之一：迟迟不行动。

难度大的工作或相对周期较长的工作，需要行动力。只要我们开始采取行动，就相当于这份工作就完成了一半。

拖延本身毫无意义。

如果将拖延的时间用于加速，前期工作就能实现能量加持。集中力量用于"起点加速"，将大大缩短工作周期。

将大项目分解为多个项目，并制作日程表安排开展工作的时间节点，有助于整个工作流程顺利开展。

大项目来了，首先是将其拆分为小的子项目，然后逐项一一解决。

高效秘诀：起点加速，首先学会任务分解。

04 高效人士到公司先泡杯咖啡
低效人士到公司先查收邮件

公司会议上，我曾问过这样的问题："你们上班第一件事是做什么？"大多数人的回答是：查电子邮件。

事实上，邮件处理的时间决定工作进度的快慢。

那些工作效率低下的人，有个共有特征：早上一到公司，立刻查阅邮件。

的确，平均看来确认一封邮件所花时间并不多，但是处理完所有邮件的时间的总和，加起来的时间相当可观。有的邮件内容较长，其中部分内容还必须先调查确认才能回复。发给对方回复后，还需要等待对方确认，如此一来一回，你来我往，整个过程就像拉锯战，没完没了。等到处理完所有邮件，一上午时间一晃就过去了，而那些原本计划要做的事，依然动都没动。

清晨，刚到办公室，头脑还没有被充分唤醒。工作还没进入状态，此时一来就查阅处理邮件，难免会漫不经心，敷衍了事。

反观高效人士，一到公司，首先会泡上一杯咖啡，帮助提神醒脑。当然，有时候不一定是咖啡，也可能是杯红茶或是瓶矿泉水之类。具体喝什么因人而异，但是选择非常多样化。

某种意义上，可以认为这是他们进入工作状态前的一种唤醒仪式。

称其为仪式，或许可能有些夸张。或者换个说法，这种方法是将头脑、身体、精神都调整到工作模式而采取的行动。

积极设定唤醒模式，有助于全天保持良好工作状态。

通过唤醒仪式，迅速进入工作状态。处理邮件时，很快就可以做出正确判断：哪些必须立刻处理，哪些可以稍后处理，根据重要程度分出轻重缓急，合理安排工作先后。

建议：紧急邮件即刻处理，普通邮件空闲时间处理。

清晨的时光，我们头脑往往相对清醒，工作效率比较高。（当然前提是保证前一天有充足的睡眠。）而且通常情况下，早上的工作电话相对较少。

如此宝贵不受干扰的时间，可以用来制作企业计划书等需要创造性劳动的工作，或思考中期销售计划的讨论方案，以上工作都需要充分发挥头脑的科学运作。头脑清晰，有利于工作顺利开展，如此一来，工作进展迅速，工作时间相应比预计也会大幅缩减。

如此宝贵的时间，用来处理邮件实在可惜。

最近不同类型的通信工具层出不穷。然而，在职场，我们主要使用的联络工具依然是电话和电子邮件。电子邮件一天会收到好几十封，多时则达上百封，一封封逐一回复，必然会花费相当多时间精力。

有的人为了保证能及时回复邮件，专门打开邮件应用，并提前设置好有新邮件的系统提醒。我特别不赞成这种处理方式。因为每当电子邮件提醒的弹窗显示一次，我们的精力就会分散一次，最终会严重影响到我们手头工作进度。

在需要集中精力，作计划书或者报告书这类创造性工作时，好不容易进入状态正要乘胜追击深入时，因确认邮件而反复中断正在进行的工作，得不偿失。因为全神贯注的状态一旦被打断，我们就很难再恢复到当时的状态。

正在工作的专注状态一旦被打断，注意力就会发生转移，之后再次想要恢复到原来状态就相对较难。我们将专注力被打断后再恢复所需的时间，视为系统的"重启时间"。如果每重启1次需要5分钟的话，中断10次，总共耗费的重启时间就接近1小时。

中断进行中的工作等同于降低工作效率。

那么，邮件来了，我们需要花多长时间处理才合适？一般情况下，公司事务性往来邮件通常在24小时内回复是常规操作。个别邮件有时间设定另当别论。根据邮件内容合理安排。

当然，需要注意的是，有的人在紧急事件时也使用电子邮件。要避免回复不及时造成的被动局面，可以采取以下方式。安排处理邮件的时间，我们可以事先心里预设一个时间标准（固定程序）。例如，以注意力（专注力）集中的时间极限50分钟为标准，上班期间，设定每50分钟检查一次邮件往来，处理相关工作，保证紧急事务及时处理。

集中注意力（工作时的专注力）一旦中断，效率必然就会降低，这样提前设置好处理邮件的时间节点，也可以当作是一种转换心情的方式。

提醒：邮件处理的时间节点设置不等于邮件处理本身所需要的时间。

当然，认为回复一封邮件只需3分钟，这种想法完全是对"工作效率优先"的一种误解。

曾经的我,将"回复邮件"等同于"处理邮件"。因此每当收到一封电子邮件,就会想要下意识地尽快回复。然而一味求快追求回复速度的结果,导致我工作出现重大失误。手忙脚乱的我,将原本应发送给A公司的邮件误发给了B公司。

电子邮件容易出现失误,而且与电话和口头约定不同,这种失误会成为证据存档。有时候错误的邮件内容还有可能被当成正式公文公布。更棘手的是,要处理电子邮件的失误导致的系列遗留问题需要耗费大量精力。

有的人习惯所有工作都采用电子邮件往来处理。不过,有的工作只通过邮件无法完全表达清楚,很有可能传递信息的时候出现错误,此类工作亲自打电话确认是最保险的。

通过电话,先详细说明工作内容,然后确认对方意向、解答对方问题,待问题一一解决后,再次将电话内容形成书面文字,通过邮件的方式发送给对方。当然,也可以先通过电子邮件向对方先行汇报,待对方回复后,再进一步电话确认亦可。

通过直接口头交流跟进整个工作,可以避免双方处理业务时出现信息理解偏差。

当然,有的工作可能采用面谈的方式效果更好。此时,我们需要做的就是尽可能研究出最佳方案,确保在对话时达到最理想的效果。

高效秘诀：确认邮件的时间节点设置为每50分钟一次。

高效人士科学处理邮件的方式

高效人士的好习惯：既珍惜自己的时间，同时也尊重对方的时间。

- 提前设置好邮件固定开头与结尾：如"承蒙关照，十分感谢！""感谢您的来信。""以后还请多关照！"等等，这类开头与结尾的客套用语提前设置成回复邮件的固定格式。
- 编辑邮件之前确定5W2H（详细参见第2章第5小节），避免信息遗漏。
- 邮件文件名标注公司名和文件名称，方便对方识别邮件来源和内容。
- 一封邮件安排一项任务。
- 内容分项编号排列。
- 避免使用可能导致乱码的输入法。
- 签名同时需标注联系电话。
- 35个字符左右另起一行。
- 每三行文字段落须空一行。
- 文字表达准确，避免需要二次确认的模糊表达（例如："本周内"宜改为"××日前"）。
- 客户预约面谈的日期预备3~5个备选。
- 回复多个邮件时尽量引用对方原文。
- 引用部分如有错误引用，不擅自修改，直接保留原文。

高效人士日程表清清爽爽
低效人士日程表密密麻麻

  B和C，都是某广告公司业务部的员工。

  B工作勤勤恳恳，每天从早忙到晚，不得空闲。预约客户会面的时间都安排的十分紧凑，工作日程表上写得密密麻麻。客户面谈结束回到公司，还要继续忙碌。要做产品计划、预算表等等，工作繁重，经常熬夜，加班加点。

  原本手头的工作已经很多，遇到上司临时吩咐的任务："明天上午之前把预算表交来。"B并没有拒绝。虽然明知道自己时间完全不够用，B还是勉强、违心地接下了工作。结果，为了完成工作强撑着，造成长期睡眠不足。

  然而，尽管B工作勤勤恳恳，业绩上却始终难有起色。于是，B只能不断地投入更多时间和精力到工作上。

  终于有一天，B得到了接一个大项目的机会。

然而，要接下这个项目，只能持续加班才有可能完成。此时的B，基本上已经筋疲力尽。由于长期睡眠不足，工作状态不佳，还在意见征集会上领会错了客户需求的关键信息。

结果，B提交了一个与客户期待完全不符的计划书。原本唾手可得的项目，因为失误，被其他公司捷足先登。

渐渐地，B的工作能力不断受到质疑，也很难再得到上司委以重任的机会，身体也因为长期加班，健康状况堪忧。

与之相对，C和B不同，C的日程表清清爽爽。一周工作日中，有两天时间是完全空白，不安排任何工作。这样做是为了保证自己有足够灵活支配的"机动时间"。

因为有灵活"机动时间"，时间上就相对宽裕。此时，遇到其他部门或上司的临时任务安排，C也完全可以应对自如。好的工作机会来了，C也完全有足够的时间精力去把握住。

没有临时任务安排时，C利用这段时间继续打磨产品计划书，争取精益求精，不断思考如何写出抓人眼球的妙语金句等。而且，因为工作效率高，通常可以按时下班。下班后还可以去充电，参加广告文案的书写技巧之类的培训，或者去健身房锻炼身体。

如此安排，C在工作中不断学习，在新的知识领域不断成长。同时，因为C能够提供好的创意理念，获得客户方的肯定，公司内部认可度也不断提高，同事们对其评价也非常好。

就这样，C通过自己的努力，不断争取到上司对其委以重任的宝贵机会。

有很多人和B一样，觉得不将日程表时间排满，就感觉内心不安。

日程表全部排满了，临时任务来了又不拒绝，来者不拒照单全收，最后导致自己很被动，被迫超负荷工作。

如此做法，只会导致工作效率低下，自己完全没有休息喘息的机会。

自顾不暇，人际关系恶化，逐渐失去信任，最终造成恶性循环。

在公司里，完全不考虑工作对象和内容，安排什么工作就照单全收全部揽下来，这样的人，大多是不受欢迎的。在同事们的眼里：你不过是个跑腿打杂的。

自己分内的工作都已经堆积如山，不能保证按时完成。工作表现不佳，自然无法得到公司认可，要想争取到好的机会更是难上加难。

揽上一堆影响效率的工作困住自己，就完全无法施展工作能力，实在是浪费时间。

请鼓起勇气，主动给自己预留出可以灵活支配的"机动时间"吧。

高效秘诀：给日程表腾出空白吧。

高效人士有意识休息
低效人士选择不休息

你是否有这样的感受？

当你专心工作时，注意力高度集中渐入佳境，完全不会想到要休息一下。

每当我集中注意力埋头笔耕，时常会忘记中途休息。因为当时处于肾上腺素飙升的状态，根本不觉得自己需要休息。只有在持续工作3小时以后，感觉到达极限，实在受不了才会停下稍做休息。

事实上，这种等到感觉疲惫之后才休息的方式，反而给工作进度造成阻碍。

因为，持续高强度长时间的工作，大脑就会进入疲惫状态。如果不采取合理方式让大脑休息，工作的专注力就会持续下降，工作效率自然随之变低。

从整体效率而言，持续工作直到疲劳才休息，这样一天的工作效率会比平时更低。我们常常容易有这样的想法：好不容易专注工作，如果因为其他无关紧要的事情中断，就太可惜了，所以不会考虑中途休息。然而，事实上，正是因为这种想法，阻碍了整体工作效率的提高。

高效人士，有意识使用"番茄时间管理法"，主动安排中场休息的时间。

番茄时间管理法，是一位意大利的技术顾问所独创的高效时间管理法。许多IT企业的CEO和公司高管都比较推崇番茄时间管理法。

番茄时间管理法：集中25分钟时间工作，然后休息5分钟。5分钟休息后，继续专注工作25分钟。25分钟的时间段内保证集中专注工作，结束后间歇休息5分钟，如此循环往复。

使用番茄时间管理法，有助于集中注意力于手头工作，同时又不会轻易被其他事情所打断。

不是等到疲惫后才休息，而是在感觉疲劳前就安排休息，这正是提高效率的关键。

当你觉得"哎呀，好累啊！"，在感觉疲倦后才开始休息，这样的休息方式很难恢复到之前的工作状态。我们试试换种方式：在感到疲劳之前，预先安排间歇性的休息。如此一来，不仅不太容易感到疲劳，还能保证工作全程都精神饱满。

具体方法：设置闹钟，每工作25分钟后闹钟提醒，强制自己停止办公，休息5分钟。

站起来离开办公桌，放松一下，然后来回活动活动。

当然，这期间，你可以选择泡杯咖啡，或者吃颗糖，还可以收拾下办公桌面，听听音乐、擦擦电脑键盘什么的也不错。

切记，休息时间停止任何思考，让大脑放空。

休息时尽量不要使用手机。智能手机的画面，会让我们的交感神经处于兴奋状态，不仅不利于大脑放松，反而会增加疲惫感。

我想，肯定有不少人对这种方法持怀疑态度。专注工作25分钟，然后就响一次闹钟，可能会对工作进度有影响；每隔25分钟后还要休息5分钟，大约也很难保证高效率的工作。

然而，事实是：当工作在尚未告一段落时中断，比工作刚好告一段落时中断要好。因为前者恢复工作状态所需时间更短。工作正好告一段落，意味着就是下一阶段工作的启动，这样工作进展反而不那么顺利。

当然，番茄时间管理法，是以25分钟为一个集中的工作时间段。实际生活中，人与人之间存在着个体差异。根据个人情况，可设定为35分钟、45分钟的间隔，定制属于自己的个性化工作节奏。

关键在于：保证整体工作效率提高，必须主动安排时间休息。

高效秘诀：番茄时间管理法设置合理休息时间。

高效人士保证个人午休
低效人士忙于共进午餐

D 和 E 同一家公司工作，同属一个工作团队。团队的女职员通常喜欢约定中午一起午餐。

D 考虑到要中午和公司同事聚餐方便交流，总是尽可能安排一起去吃午餐。

食物具有放松心情、安抚紧张情绪的作用。大家一起共进午餐，一边交流，的确有助于构建良好的人际关系。

而且，吃饭本身这种行为，很容易给人带来快乐和满足感。共进午餐，的确有助于相互理解，在此过程中也比较容易互生好感。这种心理学产生的效果我们称之为"午餐交流法"。某些政治家为了促成一笔重大交易，面谈时往往不会安排在会议室，而是会预约在独栋高级餐厅，其实本质都是为了达到相同效果。

有的公司，将与上司共进午餐的机会作为一种对员工的鼓励。（然而实际上，如果是几个人午餐，但又不是一对一的情况下，是很难有深入的交流的，大多不过是上司的自我满足而已。）

你会发现，有时候D也会婉拒与大家共进午餐。一问原因，说是因为交谈的内容影响心情。因为有时午餐时交流的话题，不是背着未在场的同事说他们的坏话，就是发泄对公司或者对上司的抱怨之类的内容。

实际上，同事间共进午餐，的确有许多好处。但是，不建议每次和同一批同事共进午餐。

每天同一批人在一起，时间长了，就会滋生出奇怪的小团体意识。形成小团体之后，就会在午餐时间，聚集起来攻击其他同事，或对上司、对公司发泄负面情绪等。

与之相反，E基本上很少参加公司同事们的午间聚餐。考虑到每次都拒绝也太不合群，于是保持一周共进一次午餐，绝对不超过一次。此外，E还偶尔和其他部门的同事一起午餐交流，但是次数也不多，最多也就一个月一两次而已。

那么，E其他时间在干什么呢？其他时间，E在准备资格考试、练习英语口语，将这些时间用于投资自己，不断自我充电提高。时代变化日新月异，作为面对激烈竞争的一名员工，只有保持持续学习的精神，不断提高自身技能，才能不断适应时代的变化和需求。对此，E非常清楚。

时代变化太快，维持现状等同于退步。

因此，要实现优质输出，必须先有大量优质的输入。午休时间，用来充电再合适不过了。自我投资的内容，不仅包括知识的学习，还有能力的提高。

推荐：午休采用小睡眠模式。

午餐后安排15到20分钟左右的浅睡眠，也就是小睡模式。短时午休的确有助于工作效率大幅度提高。中午小睡15分钟，就相当于夜间睡上3个小时，可以保证持续大约150分钟的集中力与专注力。因此，欧美许多企业开始鼓励员工们午休。

然而，午休时间要控制在30分钟内，超过30分钟就会进入深睡眠，效果就会适得其反。

此外，午休时间安排尽量在下午3点前，3点后午休会影响夜间睡眠。因此，午休的最佳时间，建议在午餐之后。

中午单独就餐，不仅可以保证午休时间，也有助于安排时间用于自我提高。

提高工作效率，我们需要学会科学安排时间午休。

高效秘诀：独自午餐有助于时间充分利用。

CHAPTER TWO

第 2 章

构建良好职场人际关系的方法

- ① 高效人士重视聊天交流　低效人士抗拒私下闲谈
- ② 高效人士挖掘他人优点　低效人士关注他人缺点
- ③ 高效人士喜欢分析失败　低效人士热衷炫耀成功
- ④ 高效人士重视发言内容　低效人士关注发言对象
- ⑤ 高效人士及时汇报　低效人士即时汇报
- ⑥ 高效人士体察他人需求　低效人士追求效率优先
- ⑦ 高效人士边界意识很明确　低效人士感情用事无边界
- ⑧ 高效人士无视他人眼光　低效人士渴望众人认可
- ⑨ 高效人士会向下属学习　低效人士只向上司请教

高效人士重视聊天交流
低效人士抗拒私下闲谈

许多人觉得在工作中闲聊会妨碍工作，闲聊是不妥的，所以应该尽量避免。

但是，如果在工作中完全没有一些私下交谈、没有任何闲聊话题，那么等到公司开会的正式场合，双方相互交流的信息将是非常有限的。因为，大多在正式场合的会议上获取的信息，只不过是些场面上的公务性交流，很少出现特别有实质价值的内容。

因为是在正式会议上，人们都谨言慎行，担心自己说错话，因此会尽可能使用商务交流常见的一套固定说辞。如果在交流中，只听到一些应付场面上的客套话，那么我们对于事物的看法也会同样流于表面，这样就很容易造成对形势的判断错误。

当我还是一名普通公司职员的时候，每天都要参加许多会议。如今回头再看，那些有价值的、有启发的信息，往往是我在非正式场合，在大家比较放松，私下闲聊的时候所获得的。

虽然闲谈貌似全是些无聊的话题，但是换个角度思考，结果又是如何？有很多次，我在和他人的闲聊中，得到了启发。有时候从闲聊中获得了许多激发创意的好题材，有时候从闲聊中获取的关键信息，还打破了我之前一直停滞不前的谈判僵局。

非正式场合的聊天，可以启发新的创意，发现新的课题。

此外，通过与对方私下的交流，你就会了解到对方目前工作的烦恼、比较繁忙的时间段、比较空闲的时间段，总之，聊天会有助于你对对方的深入了解。

根据了解到的信息采取行动。在对方相对空闲时去寻求帮助，就可以尽快得到解决；在对方遇到困难时主动提供帮助，如此你来我往，互帮互助，轮到自己遇到困难时也会得到对方的协助。

需要帮忙的人，是与自己平时有较多交流、关系较好的人，那就优先把事情处理好吧。那些和自己平时完全没交流的人，有事要办就推一推或者后面再办，要不就勉强交差应付一下就得了。有以上这种想法其实是很正常的，因为都是人性使然。

现在，想必大家都会明白保持交流的重要性了吧。

举个例子。即便是些无须动脑只须动手的简单工作，大家一边聊天一边做，整体的工作进度也会变得更快。如果大家毫无交流，只是埋头做手头的事，最终工作进度反而远远低于交流活跃的时候。

拒绝私下交流，不仅有文章开头所总结的不利因素，还会导致其他劣势出现。

如今的商务往来，大多并不是首先使用电话联络，而是使用电子邮件、SNS等社交网络应用，有时候甚至一整天都不会听到电话铃声。

由于办公室过于安静，所以稍微闲聊说点什么，很快就会引来大家的视线，而且聊天内容也很容易被别人听到。因此一般很谨小慎微的人，通常在办公室里保持沉默。即便他们有时候遇到困难，想向有经验的前辈请教，也往往因为顾及周围人目光而迟迟不敢开口，最终就是，苦难没解决，也不寻求帮助，完全闷着头按自己的想法去做。结果，他们在工作中经常出现错误和纰漏，并且经常面临需要返工的被动局面。

此外，还有的人因为办公室氛围过于沉闷，感觉压抑，甚至因此患上心理疾病。

如果办公室里允许员工互相交流，大家就可以随意聊聊，办公氛围就会变得更加融洽，身处其中的职员们的心理压力也就不会那么大。新老员工聚集一起，大家随意谈天说地、相互聊聊，对于保持新员工的工作热情也是很有帮助的。新老员工们相互交流聊聊天，对于降低年轻员工离职率也是有帮助的。

有些人认为闲聊会耽误正事。的确，这种负面影响的确存在。

但是，相比之下，私下聊天的积极作用则多得多。

私下聊天需要把握好度的问题。当你感觉聊天已经影响到了工作，可以直接告知对方，接下来你需要专注于工作了，从而终止聊天。

聊天看似浪费时间，实际却是加快工作进度的动力。

高效秘诀： 在闲谈中挖掘信息的宝藏。

高效人士挖掘他人优点
低效人士关注他人缺点

E的工作业绩很好，工作能力很强。但是，在公司里，E经常对助理、其他部门员工的工作有诸多挑剔和不满。比如：

——某人打文件经常出现漏字错字。

——某人制作的计划书总是老调重弹、毫无新意。

——某人想到哪儿说到哪儿（说话不经过大脑）。

——某人表达能力差，经常不知所云。

——某人过于保守，不敢接受新事物的挑战。

因为E自己很能干，眼中就比较容易发现他人不足，所以挑剔也很正常。

然而，话虽如此，大家频繁被挑剔也并不是没脾气。因为常常被E挑出工作的不足，大家也很生气。于是，当

E需要他们协助工作时，他们就拖延，或者处理时敷衍了事、应付应付就交差，如此一来，工作中失误频频出现，到最后，E不得不返工。这种情况经常发生，E也因此耗费了大量的精力。

到最后，无论E怎么努力，工作始终没有进展，任务经常无法按时完成。

那么，另一位高效人士F是怎么做的呢？F在工作中善于发现他人的优点，而且还会在公司里公开对他人表达欣赏。

每个人都希望自己获得认可。因此，F和工作伙伴之间建立了良好人际关系，工作进展非常顺利。

可能有人会觉得：发现他人的优点太难了。这的确是人性使然，我们比较倾向于关注他人的缺点。

人的优缺点是互为表里的整体，需要辩证地看待。

（缺点）某人想到哪里说到哪里（说话不经过大脑）→（优点）思维活跃

（缺点）某人过于保守，害怕接受新事物挑战→（优点）行事谨慎

（缺点）沉默寡言→（优点）善于倾听

同一件事，当我们转变观察角度，会得出不同的结论。这种有意识地将缺点转换为优点的行为，在心理学上被称为：认知重构。

这种认知重构，在实际工作中相当困难。

当然，也有即使使用这种方法依然无法发现对方优点的情况。此时，即便对方不过是完成分内事也好，总而言之，努力尝试挖掘对方其他方面的优点。

某人表达能力差，经常不知所云，但是创意多。

某人胆子有点小，但是做 Excel 文档是专业水准。

某人不善言谈，但是经常能给计划书起一个抓人眼球的好标题。

如果工作能力实在乏善可陈，可以试着想想对方其他方面。比如：性格开朗爱笑、早上打招呼很有礼貌，穿衣服的品味不错，等等。只要用心去找，总能发现一些优点的。

此外，表达对他人优点的欣赏，往往通过第三者转述的效果更好。当第三者转述赞美时，对方就会很意外会得到这样的赏识和肯定，而且心情会更愉悦。他们会认为这种赞美并非场面上的恭维话，而是对自己真正意义上的肯定。因为是真正认同自己，所以才会在第三者面前表示赞美。

以前我就职的公司，有个同事，他寡言少语、不善言谈，有时迎面碰到，甚至都不打招呼。周围的人都觉得他很难相处。在我向第三者转述了对他优点的肯定后，他每次看到我，都会主动笑着打招呼。工作中遇到稍微麻烦点的事情，请他帮忙，他也会很爽快地帮我。

人对认可自己的人容易产生好感,也会更乐于提供帮助。

甚至有的时候,对方心情好,专门挤出时间帮你也是有可能的。

构建良好的人际关系,是工作顺利开展的关键。

高效秘诀:通过认知重构挖掘优点,第三者转述效果更好。

高效人士喜欢分析失败
低效人士热衷炫耀成功

有的人，总是喜欢讲自己的成功经历或者引以为豪的事情。

这一类人，绝口不提自己曾经的失误或者失败。在他们心目中，告诉他人自己的失误或失败，就意味着有损自己在他人心目中的形象和地位。

然而，实际上，交流下自己的失败经历，有许多好处。

1．拉近彼此间的距离

原来就连他也和我们一样，也有过这种失败经历啊。瞬间，共鸣拉近彼此间的距离。同时，你的经历也会激励对方，让他们明白那只不过一次失败而已，不可以自暴自弃。

如果你身处管理岗位，或者负责给年轻人做教育培训类的工作，谈谈自己失败的经历，对于鼓励他们是非常有效果的。

2. 避免他人重复犯同样错误

谈谈自己的失败经历，就相当于告诉他们：如果这么做，就有可能失败。这种方式比苦口婆心的告诫有效得多。

如果你是管理岗位，你的分享会给团队提供更多有价值的经验，其他团队成员就会从中学习，以此为戒，避免犯同样错误。

同时，通过带头讲述自己的失败，进行自我剖析，其他成员也会竞相效仿，自我分析。

于是，渐渐地，整个团队会从失败经历的分享中获取更多的经验。

需要注意，在讲述失败案例时，不要讲后果过于严重的失败，也不要选择让人怀疑人品问题的失败经历。

如果导致的后果过于严重，会让听者对你失去信任，并怀疑是你本身的问题。那些无伤大雅的失败经历，或者差点失败让人虚惊一场的经历，是分享时比较理想的选择。

美国人赫伯特·W.海因里希提出一个著名法则：海因里希安全法则。海因里希安全法则：通常一个重大事故背后，可能会发生29件轻度事故，还会有300件潜藏隐患。

的确，许多重大事故发生前，往往有很多小的预兆。

让人虚惊一场的失败经历，大家大多都有经历过，容易引起大家的共鸣。

<u>分享失败，交流心得，是快速拉近彼此距离的有效有段。</u>

高效秘诀：主动交流让人虚惊一场差点失败的经历。

高效人士重视发言内容
低效人士关注发言对象

人们在接收信息时有一种倾向性,往往比较关注说话对象,而不是说话的内容。

比如说,有一款名为W的保健食品。分别有两个人发表意见。一个是穿着白大褂的中年男子,告诉你:W这个保健食品对健康不利,还是不要服用为好。另外一个则是上身T恤衫,下身牛仔裤,还染着一头黄发的年轻人,告诉你:W这款保健食品很不错,吃了对身体好。那么,你会选择相信谁?

估计大多数人会选择相信白大褂的中年男子多些吧。

企业之所以愿意高额广告费,请销售明星和人气偶像来代言产品,正说明人们这种心理的普遍性。大多数人,相比较代言的内容,更关注的是代言人本身。

职场情况也与之类似。

公司里,总有一些人的意见是比较容易拿到赞成票的。

除了说话有理有据、值得信赖的人之外，还有一些人发言也比较容易得到认同。例如，身居要职的管理人员、理直气壮表达自己意见底气十足的人、擅长说话艺术的人、人际关系中游刃有余的人，都是属于这种类型。

但是，过于重视发言人本身是件非常危险的事。

有这样一个案例。某公司产品管理部开会，讨论如何通过改变操作顺序来提高效率。

讨论后得到了两个方案：一个是基本延续以往流程，只选择改变其中部分环节的F方案，一个是大刀阔斧地重新排序的G方案。

科长力推有经验的老员工提出的F方案。

科长的推荐理由是：如果大幅度改变操作的顺序，不仅很多员工无法适应，而且很有可能造成整个操作过程混乱无序。

提出来G方案的是公司新进签约的年轻员工。会场上有些年轻员工也大着胆子发表意见，认为G方案可能效果会更好些。可是当科长力推F方案时，大家就觉得：既然科长发话了，那估计还是选择F方案妥当些。于是，会议上大家一致选择了F方案。最后，F方案提交到了产品管理部部长手上。

结果，会议第二天，产品管理部部长把科长叫到了办公室。"为什么选择F方案？如果选择G方案，将操作过程重新排序，不仅可以节约大约25%的生产时间，还可以腾出部分人手，这部分空出来的人手，可以安排他们协助未完工的项目。"

产品管理部部长对F方案和G方案的内容进行了仔细分析，所以想问清楚事情来龙去脉。

M科长是这样解释的：当时想到F方案是有经验的老员工的意见，肯定有他的道理。G方案是个新入职的年轻职员提出来的，人又年轻，又是初来乍到，不熟悉情况，所以……

听说这个科长最后遭到部长一顿批评：征求意见，关键是要发言内容，而不是看发言人！

如果关注点集中于"发言人"，我们的思维会受限，很可能因此做出明显倾向性的选择。因为有先入为主的观念，就会造成偏见，做决策时出现错误判断的可能性就更高。

一旦判断错误，最后纠正错误就会消耗相当多的时间与精力。

高效人士的特点是：关注重点在于发言内容本身。即使发言人可能经验不足，或者语言表达逻辑不清，他们也会认真分析，而不会轻易否定他们讲话内容的价值。

因为你永远无法知道，谁会提出好的意见。

好的想法，与经验多少、年龄高低、人格品性不存在必然联系。

<u>听取意见，不以平时工作表现为标准，而是以发言内容的价值为标准。</u>

这是提高工作效率，缩短工作时间的关键要素之一。

高效秘诀：听取意见关键要关注内容本身。

高效人士及时汇报
低效人士即时汇报

作为职场的一员,工作难免会出现失误、失败、不利的情况。此时,需要尽快向上司汇报沟通。如果听之任之、放置不理,最后情况就会变得一发不可收拾。

然而,一旦工作遭遇阻碍或不利,是否要立刻向上司汇报?这是需要考虑的问题。

可能有人会质疑:这难道还需要考虑吗?

的确,遇到阻碍当然应该尽快汇报,但是这个"尽快"不是匆忙的"快"。

如果一味求快,在事件来龙去脉等关系没理清、基本必要信息也没准备齐,此时匆匆忙忙汇报很有可能抓不住重点,也失去了汇报本身的意义。

而且,在汇报工作中遇到进展不顺的情况时,难免心焦气躁,可能会造成汇报内容不全或遗漏。此外,还有可能将已发生事实和个人意见混在一起，导致汇报信息时不够准确。

如此一来，上级在听取汇报时，就无法根据报告内容进行合理判断和行动。有时，可能因为报告信息的错误和偏差，出现错误解读，并最终导致整个工作的决策失误。

当然，面对困难，不知如何是好，自己干着急也是完全没有必要的。

及时汇报工作的标准，并不是只追求"速度"。

高效人士，通常在搜集整理好部分信息之后，尽快向上司汇报。

工作遭遇困难，及时搜集信息，确认并分析，再向上司汇报。

如此一来，上级就能边整理信息，边分析解决方案。这样，不仅能快速作出行动决策，同时还能避免作出错误决定的风险。

在向上级汇报工作前，我们需要事先整理好以下三项基本信息。

一是工作失误的情况、事情的来龙去脉、事件的起因等。

二是希望获取的上级支持（采取的对策）。

三是预计事情可能造成的最坏结果。

我们把这总结称为5W2H汇报原则。5W2H，包含以下内容：when（何时），where（何地），who（谁），why（为何），

what（何事），how（如何发生），how much（价格如何）等要素。

举例说明：搞错配送地址，导致客户未能按照约定日期收到商品。

1. 工作失误、事情来龙去脉、事件起因

前几天，按照客户约定的时间要求发货，发货数量是1万个，但是配送地址弄错了。目前仓库里的库存货物不足1万个，所以无法如期到货。

（原因）未找到客户要求的配送地址，于是就按对方名片上的地址发货了。

2. 希望获取的上级支持（采取的对策）

希望上级同意将目前仓库库存货物先应急配送给客户。希望上级能陪同一起给客户表达歉意。

3. 可能造成的最坏结果

1万件商品的订单取消/年平均交易额3000万日元的稳定客户流失/公司信誉度受损。

按以上三个层次进行汇报，上级就能纵观整个全局，分析思考相应的对策，同时也能为你提供解决问题的有效帮助。

高效秘诀：工作出现失误，抓住要点，及时汇报，寻求帮助。

高效人士体察他人需求
低效人士追求效率优先

I 在工作中，非常重视提高工作效率的问题。因此，无论公司内部还是外部的事务，都习惯使用电子邮件来进行安排处理。

电子邮件的确十分快捷。因为不受时间限制，随时随地可以传送给对方，对方可以根据自己的时间方便与否来安排回复，不占用他人时间，实在是一种便捷的联系方式。

他认为，邮件保存时间长。以后有需要时，随时还可以重新查阅，必要时还可以作为档案证据，解决工作中可能出现的追责问题。因此，对于双方而言，都是避免麻烦和纠纷的理想联络方式。

I 为了进一步提高工作效率。将已发送的邮件存在硬盘里，并且整齐排序，分类归档，需要的时候，找到同类的文档参考编辑就很方便。他想的是，这样做就节省了一封封编写邮件的时间，可以节省许多额外工夫，肯定会大幅度减少工作时间。

然而，事与愿违，他的工作时间不仅没有减少，反而大大增加了。

工作中频频发生失误。由于邮件往来中未能准确获取信息，最后资料完成，文件内容并不符合客户的要求，于是，就不得不重新发送邮件，重新确认之后又返工，在这方面就耗费了大量时间，做了很多无用功。

究竟是什么原因导致最后这种局面的呢？

出于好奇，我看了一下 I 发给别人的邮件。结果，发现他写邮件的一些特点。邮件中的内容，大多文字表达措辞比较生硬，且多带有点命令和强迫的语气。换位思考，站在收件人的角度，收到这种邮件，感觉心情不愉快是完全可以理解的。

收件人收到来自 I 的邮件后，心情不好，所以对于邮件中 I 提出的要求，多少会带着些许反感情绪。然而又因为是工作，不得不按照 I 的安排来办，没有办法，于是最后选择将 I 安排的工作推迟办理，这样做也不难理解。

像这样，因为双方交流中出现问题，最后影响到工作效率，这种情况其实是极为常见的。商务文书，通常是通过书面的文字来进行交流的。

如果文字表达中没有特别明确表达或强调，就很难向对方传递准确的信息或表明自己的立场。文档中的语言表达和措辞的选择等非常重要，因为这些会决定你给他人的第一印象。

I的确做了很多改变，努力想要提高效率。但是，过于依赖邮件保持联系的方式，未能与收件人之间建立相互信赖的关系。因此，仅通过邮件往来，很有可能会出现信息传递失误、交流不畅、不能达到理想沟通效果等问题。

I的同事，J是怎么做的呢？J的做法是：定期安排与客户当面交流。

原本J以前也是比较依赖电子邮件的，但是因为本人不太善于用邮件沟通，所以选用了定期见面这种方式。于是，邮件往来较多的人或者棘手的工作需要寻求帮助时，通常J会选择当面交流。在双方距离较远的情况下，J就选择给对方打电话保持沟通。

此外，当不知道邮件怎么写的时候，J尽可能想办法与对方直接进行沟通。

渐渐地，J发现需要通过邮件沟通的时间反而减少了。

当面沟通有助于培养相互信任、相互理解，站在客户角度换位思考，工作进展更顺利。

因为做到了这一点，J在工作中不仅很少出现沟通障碍，类似从头开始、亲自重新返工的情况更是从未出现。

这样的工作方式，原本是没有优先考虑时间效率问题，结果反而无意中提高了效率，缩短了工作周期。

而且，J每次出差回来，都会给协助帮忙的部门同事们带些当地的小点心之类的伴手礼。每次亲自送给对方的同时，还会向对方给予自己的关照表示感谢。良好人际关系，让J在遇到难题时也能够得到顺利解决。

出差的时候，顺便给伙伴们带点当地土特产和小点心之类，价格并不贵，大约也就1500日元左右。只需花1500日元，就可以帮助建立良好人际关系，推进工作顺利开展，这样的投资实在是本小利大，十分值得的。

<u>优先考虑客户的需求，而不是优先考虑缩短时间，唯有如此，才会真正提高工作效率。</u>

高效秘诀：学会换位思考，关注客户需求，寻求双赢。

高效人士边界意识很明确
低效人士感情用事无边界

K观察发现，同一部门的新员工L最近工作状态不佳，经常一脸不开心，上班时也是心焦气躁的。

包括其他部门的同事E，因为工作关系向L打招呼，他也爱理不理的，显得极不耐烦的样子。看L最近好像脸色也不太好，是不是因为手头工作太多了呢。K观察到这些，主动关心L，问L有没有什么困难，有没有什么需要帮忙的；不过L都拒绝了，只是回答不需要。

K觉得自己是前辈，帮助后辈是义不容辞的。

几天后，强行要求L与其一起共进午餐，结果对方回答："抱歉，我有个邮件必须在下午1点钟发送给客户，我就直接盒饭搞定就好了。"K的好意又一次遭到了拒绝。

K就在想，该如何帮助L才好，该如何帮助L打起精神工作才好，想了很多很多。有一天，L不在办公室，L负责的一个客户（之前是由K负责）来了邮件，K擅自做主代替L写了回复，然后打印好放在L的办公桌上。

结果，L回到办公室，看到了文件，不仅没有表示感谢，还对K的行为很不满。

"你在干什么呀？不要多管闲事好吗？"

原本出于好心代劳，好不容易花了两小时才帮忙写好回复。原以为这样做，会让L的工作轻松点，却没想到对方不仅不感激，还非常反感。

K觉得很难过，觉得自己花了两小时帮忙完全是白费工夫。

看到K心情郁闷，上司看不下去了就告诉了K实际情况。最近L心情不好，是因为有私人问题方面的烦恼，而不是来自工作的困扰。

原本出于好心，结果反而办了坏事。

那么，在职场中看到其他同事有困难，该怎么处理才好呢？

像K这样，总觉得自己必须要做点什么帮助别人，未搞清楚事情缘由就擅自加以干涉的话，有时候反而是给对方增添麻烦，更不用说帮忙解决问题了。

也许帮忙的初衷是出于好意，但是自己想当然地行动，往往给对方带来的是困扰。一门心思想着要去帮助有困难的人，甚至压缩自己的时间去处理别人的事务，导致自己手头的工作迟迟停滞不前，到最后才会意识到自己处于非常被动的处境。

高效人士，面对职场人际关系出现的问题时，首先会考虑两个问题：究竟是谁的工作范围？这项工作的最终负责人是谁？分清楚责任的归属，明确是自己的任务还是他人的任务，在此基础上采取合理的应对。

我将这种思维方式称为"边界思维"。

通过边界思维，在观察到他人情绪时，依然保持理性明确界限，而非感情用事。

自己造成的问题，只能自己去改变才能解决。

以下五种类型就是属于自己造成的问题。

- 为客户定制的计划书花费了大量时间。
- 客户面谈预约安排过密，导致本周内无法完成其他的事务性工作。
- 上级要求提交的预算计划表因拖延未能如期按时完成。
- 中午一过就犯困，工作效率低下。
- 制作的操作说明书出现错误，导致生产出不合格产品。

L工作中情绪烦躁，是L自身问题，自己的问题只有自己清楚。即便是因为工作量过多而烦恼，也是属于L本身的问题。如果L可以克服这段工作繁忙阶段的困难，对于其自己而言，也能获得成长。

有不少人，在发现自己周围的人情绪不好或焦虑不安时，就会以为是自己的责任。

尤其，当对方是自己的上级或者前辈时，这种揽责任到自己身上的感觉更明显。

但是，如果对方并不想寻求帮助，或不想与人交流时，没必要擅自参与其中。因为，对方的心情郁闷或焦躁不安，都是需要依靠自己才能解决的问题。

职场当中，我们不能感情用事，随时需要有明确的边界意识。

高效秘诀：**建立明确的边界意识。**

高效人士无视他人眼光
低效人士渴望众人认可

A是某公司的新员工,从其他公司跳槽过来,才入职不久。

之前就职的公司因为破产倒闭了,突如其来的遭遇,让A不得不经历重新找工作的痛苦。A花费了大量精力,终于好不容易在新公司立稳脚跟。但是,重新找工作的痛苦,让A再也不想经历第二次了。于是,入职新公司后,A下定决心要在新公司争取好好表现。在工作中,A一直不断提醒自己:尽可能做到不被别人排挤,有什么事要尽量做到能帮就帮。

A主要的工作,就是接受销售人员的委托,帮助他们制作计划书或报价表。

公司规定,在接受销售人员委托书后,通常安排在3

个工作日内计划书制作完成。

　　但是，时不时遇到有人要求破例。有时遇到销售人员催促，说是个大客户，资料要得急，要求提前快点完成。

　　这个要求是违反公司规定的，催促提前交计划书，原本就不合规矩。但是A不好意思拒绝这种无理要求，心里想着：只要能帮助销售部的营业额提升就行。于是，A就答应了这种不合理要求。

　　此时，同部门的同事前辈B、上级科长C，也都多次提醒A:若非重要事件，千万不可答应。面对不合理要求，该拒绝就必须拒绝。可是A下次遇到类似情况，依然无法拒绝，甚至有时候为满足对方要求的时间，还不得不加班处理。

　　某一天，销售部的员工们和A所在业务部的成员一起喝酒。酒局中，一名销售部职员就谈到这个话题，表示感谢的同时说A真的很能帮上忙啊，还对A的业务能力表示极大的肯定。然后，在座其他销售部员工也就轮番开始向A表示感谢。于是，A更加坚定地认为自己的决定是正确的。面对肯定和信任，A很庆幸自己接下了这个工作，能帮得上就是大好事，公司规定什么的无所谓，只要公司营业额上去了也算是为公司做贡献了。从此以后，A带着这种领悟，对于销售人员的要求更是有求必应，更加卖力了。

　　结果，可想而知。每当大家有什么事就来找A，A手头的工作越堆越多。看到A经常忙他们的事情而加班到很晚，科长C再次提醒到：无须理会他们的过分要求。但是，A却始终听不进去。然后，科长C又建议，让A分派点工作给B或D，但是A依然没有采纳。

话说回来，A其实也很清楚，B之所以手头工作没有他多，是因为之前两人原本已经很忙，额外的工作B肯定是不接的。而且，一部分销售部的业务员也非常清楚，B通常会拒绝他们的不合理要求。

"如果把工作分派给B或D做，他们肯定不愿意，再者，得罪了销售部也是麻烦。"

最后，A为了处理这些事情，每天留在办公室加班，总是赶末班车回家，甚至有时候都没能回家，而是直接睡在了办公室。

就这样，工作压力越来越大，导致精神疲劳，工作中的失误也逐渐增多。工作失误，重新纠正，如此反反复复，渐渐陷入了工作越做越多的恶性循环。

与之相反，B不害怕得罪人。

销售人员要求提前交计划书，是属于不合规定的。面对不合理要求，B首先分析确认：无须提前的理由、优先度、预估订货金额等，判断无须紧急处理，基本上都按章办事。

但是，往往那些销售人员志在必得的业务目标，委托给B后，B都能够交出高质量且能打动人的计划书。正因如此，B在工作能力强的销售业务员之间深受好评。

本人不怕得罪人，事实并不会得罪人。

实际上，B每天按时下班后，为做出高质量的计划书和文案，专门到商务培训学校进修，学习企划案的制作和交流的技巧。

一定要记住：保证自己有足够时间用于能力提升。

高效秘诀： 要有拒绝的勇气。

09 高效人士会向下属学习
低效人士只向上司请教

有些人特别在意上下级关系，他们行动的判断标准是对方地位的高低。

这类人往往会向上级或前辈学习，但是却不会向部下或后辈学习。

他们通常都是自尊心很强的人，觉得向下属学习或者向后辈学习有损个人颜面。

通常这类人对上级唯唯诺诺，对下属则颐指气使。对于那些可能会威胁自己地位的下属或后辈，有时候还会专门进行打击。

然而，现代社会，伴随IT技术的发展，世界日新月异，变化迅速，快到我们无法想象。

智能手机不断推陈出新，方便工作时使用的各种新应用层出不穷。现在的年轻一代，从很小的时候就开始接触智能手机、个人电脑之类，他们非常了解这些电子产品，同时这方面应用能力也更强。

那些认为向部下或者后辈学习不成体统的人，内心虽然非常清楚这一事实。但是，因为逞强不肯服输，不愿意向年轻人请教。

最多，只是在计算机出故障时，请年轻人帮忙修一下。因为碍于面子不主动学习，所以迟迟无法掌握新技能，职场中也是处于非常被动的境地。

当然，这种情况不仅限于计算机的应用能力方面。

例如，年轻一代之间流行的新事物，不向年轻人亲自学习请教，也是搞不明白的。

可能会有人说：大不了通过报纸或网络，完全可以搞定啊。但是，报纸或网络上面的信息未必准确。有可能只是标题相似，实际却是二手信息。第一手资料，除了向年轻人请教之外别无他法。

如果你是人事部的，要聘用20岁左右的年轻人，你就可以和年轻人交流下：现在的20来岁年轻人选择公司的标准是什么？如果是做广告企划相关工作，可以和他们讨论一下：最近20岁、30岁的人感兴趣的广告设计，主题是什么这类的话题。

找他们商量可能遭鄙视的担心是多余的，恰恰相反，找他们商量，他们会因为受到肯定和认可，工作反而更有干劲。

对于前来请教的你，他们会视你为认同他们的人，因此会抱有好感。如果拜托他们做点什么事情，他们往往也会尽全力协助你。

相反，对于不认同自己的上司或者前辈，即使对方有事需要协助，他们也会觉得自己迫于无奈，往往行动迟缓，也不想积极主动去学习，这也导致他们成长缓慢。如此一来，他们始终不能独当一面，自己作为上司也不得不持续花费大量的时间去指导他们。

那些主动向部下或者后辈学习的人，可以从年轻人那里掌握到实际观察的深刻知识。

此外，如今，有的上级年轻，部下年长，这种情况也并不少见。

年长的部下，进入社会多年，为人处世的社会经验丰富。他们对于他们所属的那个年代更加了解，向他们学习，可以学习到年长者所掌握的实际经验。

将部下和后辈，视为与自己共同打拼事业的合作伙伴，用平等的眼光看待。在团队里，大家互相学习，取长补短，如此就会形成一个凝聚力强的工作团队，任何战斗都将战无不胜。

掌握的知识面越宽，工作效率就会越高。

抛弃上下级的身份包袱，团结协作吧。

高效秘诀：**工作中只有伙伴关系没有上下级。**

为什么工作总是做不完：从低效变高效的 42 个秘诀

CHAPTER THREE

第 3 章

轻松提高工作效率的方法

- ① 高效人士驾轻就熟　低效人士竭尽全力
- ② 高效人士行动中完善计划　低效人士完善计划后行动
- ③ 高效人士求助于人　低效人士依赖网络
- ④ 高效人士注重精准反复核对　低效人士追求速度急于求成
- ⑤ 高效人士考虑全再执行　低效人士边考虑边行动
- ⑥ 高效人士真正地在努力　低效人士看起来很努力
- ⑦ 高效人士依靠记录　低效人士全凭记忆
- ⑧ 高效人士公开奋斗目标　低效人士绝口不提目标
- ⑨ 高效人士轻装上阵　低效人士负重前行
- ⑩ 高效人士创造独立空间　低效人士办公室里奋斗

高效人士驾轻就熟
低效人士竭尽全力

　　A工作总是全力以赴，经常加班到很晚。工作勤勤恳恳，无论计划书、发票还是报告书，都仔仔细细，从不偷工减料也不假手于人。事事亲力亲为，所以每天都有加不完的班，导致身心疲惫不堪。渐渐地，不仅身体健康受到影响，工作的热情也慢慢消耗殆尽。

　　这种情况不难理解，毕竟人不可能持续超负荷工作。

　　这和打棒球是一个道理。

　　再有实力的进攻方投手，也不可能从头到尾，从第一次到第九次全部都是竭尽全力地投球。

　　即便每次都是全力投球，到第九次时也是无法保持最佳状态的。

　　因此，一流的投手，面对3号棒或4号棒那样的长距离击球员,肯定是会全力以赴一争输赢;面对实力稍弱的击球员时,就会省点劲以保存实力。

职场如战场。

没有人可以保证自己每天从早到晚都能保持工作精力充沛。比如说今天周一,也许是工作干劲十足。周二周三这种状态就只能勉强撑着,到了周四自然也会变得疲惫不堪。

此外,做任何事情都竭尽全力是很困难的。因为,既不可能有那么多的精力,也不可能有足够时间。要实现尽善尽美、面面俱到的目标,那就只能不停地加班再加班了。

与不切实际的完美主义相对的是:恰到好处,适可而止。高效人士在工作中就是恰到好处,点到即止。

适可而止,给人的印象大多比较负面,类似工作偷懒、生产残次品等消极方面。但是,实际上"适可而止"一词中的真正的"适",指的是"适当"安排的意思。

关键:根据工作重要程度进行取舍,按轻重缓急先后安排处理。

大约80%的销售额是由20%左右的顾客创造的。这个定律也适用于职场。接近80%左右的业绩成果,是20%左右比例的重要工作所创造的。

因此，我们的主要精力要放在20%左右的重要工作上，而余下的80%的工作做到差不多就可以了。

工作分为两种：驾轻就熟的工作和需要用脑的工作。

驾轻就熟可以完成的工作有：报账单、报告书的制作。

需要用脑的工作，主要包括制作计划书、构思未来发展的战略方针等脑力劳动。

脑力劳动就是占比20%的重要工作，而其他的80%的工作，如制作报账单、报告书之类，是可以驾轻就熟的工作，可以点到即可，差不多完成就行，因为重要程度不高。

例如，只是提交个出差报告书时，完全不必考虑图表的穿插、版式的设计等方面问题。

这类报告书当中，只要重点写出出差的收获、未来期待的改进等方面内容，将大家都想要了解的信息填上即可。

同样，公司系统内部的工作总结，只要遵照公司规定，保证不出错，准确传达到位就足够了。

有的人做会议记录，都会花上好几个小时。每个发言人的名字、每次发言的内容等，事无巨细，无一遗漏都详细记录下来，这种做法其实是完全没必要的。

做会议记录时，只须将会议最终决定、任务负责人、工作开始与截止日期、中期检查日期、工作确认方式等关键信息列出即可。

那些并不创造生产价值的工作，只需要按照最基本要求完成，在不影响公司业务发展的情况下，做得个大概差不多就足够了。

但是，制作重要的产品计划书、探讨公司未来发展战略、招揽公司大客户等业务方面，需要投入大量精力。尤其在决一胜负的关键时刻，必须竭尽全力，全力以赴。

工作中目标明确，有的放矢，抓住重点，才能成为优秀的职场战士。

高效秘诀：驾轻就熟的工作点到即可。

高效人士行动中完善计划
低效人士完善计划后行动

要提高产品销量、提升生产效率、实现预期目标，需要不断精进业务水平，这一过程中需要遵循PDCA原则。

PDCA原则主要包含四个主要环节：

P（Plan，计划）：分析历史业绩，预测未来发展走向，在此基础上制订业务计划。

D（Do，执行）：根据计划立刻采取行动。

C（Check，检查）：确认业务的开展是否始终遵循计划指导严格执行。

A（Action，完善）：分析行动中偏离计划的部分，有针对性地进行改进。

PDCA原则本身是极为有效的组织架构，适用于多种工作场景。然而，若使用方法不当，则会导致其无法发挥作用。

例：B想向某酒店推荐某款网上支付应用系统。

于是，B慎之又慎，开始打磨完善计划。的确，计划尽善尽美自然皆大欢喜。然而，在开展新业务时，我们必须清楚：许多问题，只有在具体实施后才会出现。

在此情景下，正确的行动模式如下：

首先，必须验证所推荐的网上支付应用系统是否满足酒店业需求。在此过程中，必须了解酒店方是否真实存在此需求。倘若酒店方对此毫无兴趣，那么所有制订好的计划就只能沦为空想。

然而，B却盲目自信酒店存在此需求，在尚未验证的情况下，就开始投入大量时间，用于制作营销计划、促销计划、预测销售等细节。

这是低效人士的常见行为模式。

与之相反，高效人士C，在确定需求假设成立后，确定大致方向后立刻采取行动。

网上支付应用，只要是存在商品和服务，在买卖环节中必然是有潜在需求的。因此，做好基础准备，就立刻执行。首先，就要接触酒店方，了解并确定他们的需求。如果努力并未见成效，就要调转方向，制订针对其他不同行业市场拓展的新营销计划。

当今社会，信息瞬息万变。

由于互联网的高速发展，营销模式通常轻易就会被模仿。你刚想好的营销创意，很有可能竞争对手刚好有人和你想法相似。

面对这样的时代，我们需要学习的是高效地掌握运用PDCA原则的方法。唯有如此，才能在高效PDCA原则基础上，推进工作顺利开展。

高效人士非常清楚：最初制订的计划，往往较为粗略。

美国陆军名将乔治·巴顿曾说：明天再完美的计划，也抵不上今天将就可以实施的计划。因为即便获取尽可能多的信息，不断提高计划的准确性，也难以实现我们所期待的百分百完美。

在行动过程中逐步完善，是提高计划准确性的不二法则。

做事谨慎的人，往往过于担心失败。然而，失败只不过是短时挫折而已，失败是走向成功的必经过程。

成功，并不意味着永不失败。

成功，就是战胜挫折实现目标。

如此想来便是：唯有尽早试错，才能更快接近成功。

高效秘诀：充分运用PDCA原则。

高效人士求助于人
低效人士依赖网络

D工作效率很低,每次接手新的工作、学习新知识时,通常就会在网络上调查。D认为在没有时间出去亲自调查的时候,通过网络是可以找到一些有用的信息的。

有一天,公司决定开一次研讨会,讨论主题是如何赢得客户,D负责研讨会的组织筹划。

会议时间定在周几大家出席率会高些?如何聘请培训师来讲课?参会人数控制到多少合适?如何发通告号召大家参加?咨询工作由谁来负责?会后是否需要举办进一步的恳谈会?研讨会地址选择在哪里?每一项流程大约需要多少经费?以上问题都是组织研讨会必须考虑的。

D查阅了许多网站,但只获取了零零碎碎的一些信息,整个研讨会的整体计划始终没能完成。

原本D也曾想着找人请教,可是内心又不太喜欢去麻烦别人。最后，自始至终，没有找过其他人帮忙，依然依赖着网络。结果，上级的任务安排下来都已经过去了两周时间，研讨会的筹划进度依然停滞不前。D挨了一顿斥责之后，这项工作的负责人也换成了E。

D在工作上投入很多时间，但始终做不出成绩，工作能力也不断受到质疑。

E从D那里接手了工作后，首先四处打听周围是否有筹办研讨会经验的人。

打听一圈下来，有个公司前辈告诉他，说是另外一个分公司的F也在负责筹办研讨会。

于是E立刻和F取得联系，向其请教会议的程序安排等事项。

此外E还从F那里解到经常选用的会场地址、研讨会通知的写法等，获得了许多重要信息。

当然，多亏了F提供的帮助，E所负责的研讨会组织工作最终圆满完成。

如果自己没有经验，向有经验的人请教是最快捷高效的方法。

D觉得求助就会占用他人时间，会给人添麻烦，因此有所顾虑。但是，实际上这种顾虑完全可以抛弃。

或许这些有经验的人正等着人去请教也不一定。

人在自己擅长的领域是乐意帮助其他人的。

<u>有人求助，意味着值得信赖，同时也能满足人们渴望认可的期待。</u>

遇到困难需要向他人请教时，大胆地向人请教吧。

因为，原本这个世界，能够成为样样精通的多面手的人是极少的。

每个人，都有自己擅长的和不擅长的领域。

有的人熟悉Excel表格软件的使用，有的人对账目方面的工作一清二楚，有的则是擅长于利用网络工具来吸引客户。

当你的工作毫无头绪，与其在办公桌前唉声叹气浪费时间，不如积极请教他人。

<u>**不擅长的领域学会请教他人。**</u>

这也是缩短工作周期的要点之一。

高效秘诀：**不擅长的领域学会请教他人。**

高效人士注重精准反复核对
低效人士追求速度急于求成

以前，我经常出现些事务性工作失误。类似账单金额弄错，会议记录数据记反了，等等。

上级领导和前辈们也多次提醒我要注意改正。

我自己也不断提醒自己：必须要改正注意力不集中的毛病，做事情必须要冷静、必须要有责任感，等等。如此做事时小心谨慎，并反复检查，但是工作依然出现失误。

为什么呢？因为那些提醒自己的话，太过于抽象没有实质内容，所以说了等于没说。

即便内心做出改变的愿望十分迫切，但如果没有具体措施，依然很难改变。

一次偶然的机会，有幸与一位工作效率高且备受重用的公司前辈一起就餐。

席间向前辈请教，如何避免工作中出现失误，前辈告诉我他的经验是：检查两次。

一直以来，我都认为检查两次，实在是太浪费时间。

时间有限，是非常重要的资源。因此，我一直认为，工作最终检查一次足矣。我觉得如果一开始工作，倍加注意、小心谨慎，就可以避免在检查上多花时间。

也许正是这种想法的存在，才导致我无论如何提醒自己，依然反复出现失误的原因吧。

出现失误就意味着重新返工，反而浪费更多时间。

原本是想要节省时间，所以没进行第二次检查确认，结果反而导致工作周期延长，得不偿失。

那么，这位公司前辈是如何做到工作中零失误的呢？

首先，需要明白：人会犯错是常见现象。我们必须抛弃对自身能力的盲目自信。

其次，需要对可能出现失误有足够的心理准备，找到发现并改正失误的方法。

在此基础上，进行两次检查确认。

具体操作：首先是制作确认清单，然后根据清单进行检查。

充分发挥清单的作用，可以有效检查到工作中的疏漏和失误。然而，仅依靠确认清单，还不能保证万无一失。认为按照清单认真检查过了，就会万事大吉，这种想法很容易导致检查遗漏。

此外，对于失误的出现有充分心理准备，即使第一次核对之后发现没有问题，也不能掉以轻心，否则，这种心态会容易导致接下来的工作再次出现失误。

在此，我给大家推荐以下三个避免失误的方法。

1. 按照清单正反序各确认一次

这种方法是餐饮业常用的方法。

对账单的时候，第一次算以从前往后的顺序计算，验算核对则从后往前计算。

进行第二次确认时，放弃重复使用与第一次相同的方式，调整改变为不同方式，更有利于检查到失误。

2. 使用图表核对数字

我们还可以在Excel表格中，添加曲线示意图。

使用曲线示意图，当表格中数字相差较大的地方，图表上显示就会很突出，一目了然。

3. 错开每次确认的时间段与地点

每次，我在做书稿的校正（重新审阅）时，会分两次进行确认核对。一次时间安排在白天，第二次则安排在傍晚。在校正中，常常出现这样的情况：原本白天根本没发现的问题，第二次晚上核对的时候就检查到了。

如果两次核对是连续进行，中间没有合理的时间间隔，那么第二次检查发现问题的概率就很小。因此，要确保检查确认分两次进行，并在两次之间预留出合理的时间间隔，这样的话，发现失误的概率将大幅度提高。而且，在休息之后，能够恢复精力以全新的面貌重新投入，更有助于发现工作中的疏漏。

此外，推荐更换第二次检查确认的办公地点。

当工作地点更换后，视野也会随之发生变化，工作专注力得以提升，检查确认准确率也会提高。

检查确认的工作，切不可急于求成。

高效秘诀：**二次确认消除失误。**

〔例：DM送货清单〕

- ☐ 确认送货清单
- ☐ 检索近一个月来的邮件，确认是否有信息变更，是否存在转录时的信息遗漏
- ☐ 是否有负责人变更
- ☐ 是否有住址的变更
- ☐ 是否标注职务名称
- ☐ 资料逐个确认
- ☐ 发送资料的日期是否更新
- ☐ 发送资料的内容是否是最新信息
- ☐ 送信地址对照清单核对
- ☐ 资料全文阅读确认，确保无漏字、错字
- ☐ 收信人封面信息与送货单是否显示一致（分别检查第1页、第50页、第100页）
- ☐ 是否贴好邮票

重点提示：尽可能将工作中的所有细节考虑周到，全部列成清单确认备用。

高效人士考虑全再执行
低效人士边考虑边行动

G正在负责一个项目,为未来的潜在大客户制作一份计划书。G坐在办公桌前,正在使用Power Point努力地奋斗着。

但是,G突然遇到了困难,工作进展不下去。

这也不行,那也不行,感觉语言表达怎么都组织不好,于是反反复复写了又删,删了又写。

这种状态已经持续了一个多小时了。再这样下去,今晚铁定要加班到很晚了。

严格而言,G就属于低效人士的典型,工作效率为零。

此外,还有这样的一群人。

I接到了一项任务,为客户制作建议书。于是,I立刻就打开Power Point,开始排版设计。

I一边看着画面，一边考虑：用什么标题好？幻灯片用什么设计背景好看？一个劲儿地纠结一些无关紧要的细节，文件外观设计之类的问题。就这样，一边思考，一边制作，结果等到约定交稿的截止日期前一天了，这份建议书还依然在制作中。没办法，由于时间紧急，必须按时提交，于是匆匆忙忙赶工。最后虽然完成了，但是建议书的核心内容非常简单、空洞。

结果当然可想而知。对于这份匆忙制作的建议书，客户不感兴趣，上级也很不满意，认为建议书完全不知所云，言之无物，并且狠狠地批评了I一顿。

明明两个人都很努力，为何最后结局都是费力不讨好呢？

那是因为两个人工作时都跳过了思考的环节，直接进入了行动环节。

高效人士将工作时间分为两类：思考时间、行动时间。

思考时间，就是思考所制作文件的整体结构框架、流程等的时间；行动时间，就是开始电脑前开始输入、制作幻灯片等的时间。

的确有不少人，出于节约时间的考虑，一接到任务就立刻开始执行。但是，效果却适得其反。

未经过仔细思考，就无法明确行动目标。

花5分钟时间也好，在开始电脑上的操作前，准备好纸和笔，仔细考虑构思，列出建议书大致框架。

这个过程的目的就是制作下一步工作的工作指南。

工作指南中应该包含以下内容：文件制作的目的、文件资料的受众、文件中的必备项目、文件资料的页码限定等内容。

拿出纸笔，边构思边写方案；随时思考，随时记录。这种行为本身还有另外的附带功能，就是活跃大脑。

只要工作指南的整体构思完成，接下来的文字输入和表格制作等事情，都水到渠成，并不需要花很长时间。

电脑输入文字的工作放在最后环节完成。

而且，这些高效人士，思考的时间大多是利用上下班的交通时间或者碎片化的时间进行的。

花些时间思考，然后随时随地有什么想法就记录在笔记本上，构思好指南的大纲，然后利用集中的工作时间完成指南的总体设计，最后电脑输入，为设计图的内容展示选择好的版面等。

由于目标明确，因此行动有方向。

记住：首先确保足够时间思考，构思好工作指南，最后才进行文档输入的工作。

高效秘诀：首先保证思考时间，再制作行动指南。

高效人士真正地在努力
低效人士看起来很努力

那些工作效率低的人,往往总是有这样的一种心态,想要向周围的人证明:我正在努力工作。

向人展示自己工作很努力,自然无可厚非。但是这种展示需要创造价值,需要创造出成绩。仅仅只是宣扬自己工作很多,做出努力的样子寻找存在感没有意义。

那些看起来很努力的样子,大部分工作表现如下:

- 对公司系统内部使用的报告书,在设计上花很多时间。
- 在需要每天汇报并提交的文件中添加不必要的项目。
- 对公司系统内部文档格式进行无意义的改变。
- 公司会议上为寻求存在感,提出无理由的反对意见。
- 为展示自己很努力工作的样子,说话很大声。
- 公司会议上寻求存在感,发表毫无根据的反对意见。

- 为了充数，制作重要程度低的客户列表。
- 会议记录详尽记下每个发言人的每次发言。
- 开会之前先开对策会议。
- 公司邮件抄送给无关人员。

这种看起来很努力的样子，实际上在工作中，不仅占用自己时间，也在浪费他人时间，而且做的完全是徒劳的工作。

职场中，重要的不仅是结果，还有过程。

如果偶尔走一次运，获得好成绩，但过程并不科学合理，最后好成绩也会难以为继。

有人可能会认为：只要尽量保证过程是好的就行，至于结果如何就无能为力，只能看运气。

但是，那些完全不以实现好结果为目标的所谓过程，其实只不过是面子功夫而已。

高效人士，通常不仅看起来很努力，为实现创造成果的目标，他们也真正在努力。

丰田管理法中，非常有名的就是关于生产操作方式的分类，也适用于职场工作分类。

1. 主要操作

产生价值的操作。例如，与客户之间的贸易商谈，进货部门的成本控制方面的建议等。

2. 附带操作

必要但是不产生价值的操作。例如移动或会议、需要提交给客户的建议书等。

3. 徒劳操作

不产生价值的操作（面子功夫包含其中）。

高效人士，主要精力围绕着第1类操作，同时尽可能减少在第2类操作上的消耗。

要在短时间内实现高品质水平作业，必须确保主要精力投入到主要任务上。

工作中，需要有意识地思考，分析工作类型，并对其可能创造的成果有初步的预计。

高效秘诀：工作分门别类，削减徒劳的工作。

高效人士依靠记录
低效人士全凭记忆

有的人，对于自己的记忆力过于自信。自认为即使不记笔记也不影响记忆效果。

这是一种错误观念。

德国心理学家艾宾浩斯提出过著名的"艾宾浩斯遗忘曲线"，谈及记忆与遗忘之间的关系。

这个理论是通过实验检测出人的记忆遗忘速度。通过测试发现，大多数普通人刚刚记住的内容，在大约20分钟后，会有40%左右内容被遗忘。

更可怕的是，第二天，被遗忘比例会达到70%。

人类原本就是健忘的生物，绝不能对自己记忆力过于自信。

当事情并不是特别紧急，或者想到等有时间再去做的事，我们通常不会优先处理，这类事情更容易转眼就遗忘。

有时候，我们也许会自信地认为这么点事情不可能会忘。但是，回头就忘得一干二净，直到有人追问事情办得如何，才想起事情还没做，然后慌慌张张开始着手。这样类似的经历，想必很多人都经历过。

我也曾经是其中一员。

因为工作仓促开始，自然很容易遭遇失误、重新返工等被动局面。最后，耗费的时间远远超过预期，而且还会导致失去对方信任，结局实在是惨不忍睹。

工作效率越高的人，越不会依赖个人记忆，他们往往都会随时随地做好笔记。

做笔记，有以下好处。

1. 提高工作专注力

例如，需要提交一份报价表给 A 公司。正在加紧制作过程中，突然，想起下个月要去台湾出差，护照到期了，必须要重新申请护照。想起这个事情会一直放心不下，最后导致工作专注力下降。

此时，可以在笔记本上记录下待办事项：下周某日申请护照。写好了就先放在一边，注意力重新集中到手头的工作上。

2. 保持工作不间断

正在你制作计划书的时候，上司来了，问及其他客户动向方面的问题。于是，你只能中断工作，这一中断就是30分钟。

终于，回答完上司所有问题，准备继续接上刚才的工作时，发现刚才不知道做到哪一步了。

此时，可以在上级提问中断工作时，迅速地在笔记上记一下：哪一步怎么做？哪一步存在问题？遇到工作中被打断，随手记录下来，再找回之前的思路就相对简单。

3. 帮助吸取失败教训

记录下失败经历，以后回顾时，可以吸取教训，避免重犯。

例如，这次因为人手不足导致失误，下次处理同类工作时，通过回顾之前的记录，重点关注上次出现问题的环节，采取有针对性的增加人手的策略，可以防止同样的错误反复发生。

4. 激发创意灵感

工作中的好创意，往往都是瞬间的灵光一闪。

然而，想到了好的创意，当时只是一时高兴，没有记录，后来就再也想不起来了。

创意如果能够付诸实践，可能创造几百万、几千万日元的价值。但是遗忘了，就不能带来任何价值。

用纸张也好，用智能手机也好，我们需要养成随时随地做记录的习惯。

需要注意的是，记录要集中在一个固定地方。

有的人喜欢给笔记本分类，制作了一堆记录规则，公司外部会议用蓝色笔记本、内部会议用红色笔记本、上司布置任务用绿色笔记本，等等。笔记分门别类看似是非常聪明的做法，但是若是不巧，手头没带绿色笔记本，就会随便写在其他纸上，结果就是最后根本找不到写有笔记的那张纸。不知道纸丢到哪里去了。这种笔记分类方法，可能经常会发生这种情意外情况。

而且，因为分门别类的规矩烦琐，寻找笔记时候也比较耗时。

只需要一本笔记本。做笔记时按照日期顺序排列，方便快捷效率高。

搜索记录时，只需要对照日期，就立刻能找到需要的信息。

学会将信息集中记录到一处。

高效秘诀：记录集中记在一个笔记本上。

高效人士公开奋斗目标
低效人士绝口不提目标

J和K在同一家公司工作。两个人都有一个目标：参加4个月后举行的全程马拉松比赛。

于是，两个人决定近期加班，以腾出时间安排晚上进行跑步锻炼。

可是，虽然J和K的目标相同，最后结果却完全不同。

J只有前三天下班稍微早些，完全没法按之前预计晚上跑步练习。虽然，J最后还是参加了马拉松，但是跑到中途就退出了。

K只是每天都比前一天下班稍微提前一点，两个月后基本上就不需要加班了。因此保证了每天晚上练习时间。最后，K成功地跑完了马拉松全程。

基本上两人的工作量差不多，每天加班时间也相差无几,都是3小时候左右。条件都差不多,为什么结果却不同呢?

两人分别是以下分析中的A和B,两者差异体现如下。

1. A将目标保密,B对外公开目标

A考虑到如果公开目标,万一没有实现会有些丢人,因此,就选择悄悄地为马拉松比赛做准备。

然而这样的状态,很容易在接近目标的过程中,出现中途放弃的情况。

心理学中有个理论:维持现状倾向。

这个理论说明:人们通常是害怕改变的,因此总是倾向于维持现状。

例如,午餐总是选择光顾同一家餐厅、早上去便利店买东西,买的总是固定的几样,从来不敢尝试新产品。

以上都是维持现状倾向的表现。

人们在做出合理判断时,想要维持现状的心理便占了上风。

A下决心不加班,前三天都很早下班了。但是第4天,突然遇到客户有紧急业务需要处理,于是就不得不加班处理客户的委托。

因为A从未对任何人说过参加马拉松的事,自己改变了规则,整个过程没有对任何人提起过。而且,A本身也

认为加班可以加快工作进度。于是,那之后的第二天开始,A又重新回到了每天加班的状态。

B决定挑战全程马拉松之后,向众人公开了自己的目标。既然公开了目标,那就不能中途当逃兵,必须说到做到,因此B依然保持每天加班,但是8点准时下班。

为了让自己的行动计划持续下去,向周围的人公开目标是非常有效的。

因为人的深层心理中,存在着"言行一致"的倾向,说了什么,就要做什么,两者要尽可能保持一致。

一旦公开说了自己要做什么,就会对收回自己的话心有抵触,而不愿意后退妥协的状态,正是行动持续的动力。

在运动员中,有种类型的人是"大嘴巴""夸海口"的人。他们就是聪明地运用了这样的心理暗示。的确有不少人,向众人公开自己的宏大目标,从而让自己无法找理由退缩,只能朝着目标不停向前努力,最后,终于实现了当初的目标,取得巨大的成功。

如果真心想要达成一个目标,选择对外公开吧。

2. A开始就定个大目标,B则从小目标开始

A一开始就定下一个大目标:从此以后再也不加班。这个目标本身就存在问题,因为之前每天加班是常态,从此以后不加班,对A而言是个大目标,而且是最终目标。

开始,A连续3天都没加班,实现了不加班的大目标。但是,第4天又开始加班,不加班的目标就此中断了,

而第二天也就失去了持续下去的动力。

B给自己定的目标是：先将加班时间减少1小时，争取每天晚上8点准时下班。这是从小目标开始的。因为是小目标，因此也比较容易实现，就这样持续了1个月。第二个月，在此基础上，加班时间再减少1小时，争取再提前1小时下班，这个目标也实现了。

人在开始执行目标计划时，想要一蹴而就急于求成，往往会出师不利。

因为目标距离现实太远，差别太大，很容易会退缩而选择维持现状。

如果目标是每天学习英语1小时，那么开始就先定个30分钟，循序渐进才能长期持续下去。

若是一开始就定个大目标，开始干劲十足，或许可以持续学习3个小时，但是渐渐地，身心感到疲惫，于是，第二天就会变成了30分钟，第三天则会缩短为10分钟，最后退回到从零开始的状态，没有持续努力的动力。

从小目标开始，不用太勉强自己，就可以轻松持续下去，每一次小目标实现，都能收获成功。

成功的满足感会成为我们行动坚持不懈的原动力。

试试看，以提前1小时下班为目标开始行动吧。

高效秘诀： 从小目标开始坚持。

高效人士轻装上阵
低效人士负重前行

设想一下，我们接下来要攀登富士山。

登山，需要一步一个脚印一步步接近目标。

越接近山顶，海拔越高，气温越低，因此登山时还必须准备好防寒服。同时，饮用水、应急食物也是需要准备的。

因此登山时的人们，衣服穿得厚厚的，还背着大大的登山包。因为背着很多的行李，所以必须完全依靠自己的力量才能爬上山。

像这样亲力亲为负重前行的工作，可以称为"登山型工作法"。使用登山型工作法的人们，大多认为事情交给别人做效率就会降低，因此凡事都必定亲力亲为。

工作团队中，与后辈一起共事时，也觉得自己不亲自监督就放心不下。必须肯定的是，他们责任感很强。但有时也正因如此，工作量反而不断增多，事情怎么干都干不完。

而且，如果上级和前辈都属于凡事亲力亲为型，作为后辈也就很难掌握自主处理问题的能力。每次任务都只能按照指示吩咐一下完成即可。而且在工作中，他们会感觉自己是被强迫的，所以工作时也没有积极性，工作基本应付交差，敷衍了事，他们也无法在工作中锻炼成长。

高效人士多采用海水浴型工作方式，轻装上阵。

套着游泳圈在海里飘浮，借助海浪的力量可以很顺利向前游动。不是自己使劲，而是借助波浪的力量，也就是借助周围人的力量来工作，这就是海水浴型工作方式。

在海里，没有人会全副武装去游泳。因为这样不方便行动而且很危险。

因此，一般下海，就会穿着泳装或者潜水服这类的装备。

换言之，海水浴型工作方式，是轻装上阵，抛开厚重衣物束缚，把事情交付给别人，自己减少徒劳工作的一种精简时间的工作方法。

当然，话虽如此，也有人因为后辈或者助理能力有限，不放心将工作交付给他们。

这样的人，可以参考以下建议。

1. 尝试分摊部分任务

如果觉得所有工作全部交付给他人会感觉不安的话，不妨尝试下先分摊部分任务。

- 最开始，6页左右的建议书中，统计数据的图表可以交给他人。
- 自己负责的10项目工作中，将3件难度较低的工作分配给他人。

像这样，从小的任务开始，等到他们工作进展顺利，越来越熟练，就可以不断扩大交付任务的范围。

2. 打破交付他人的心理障碍

即便是将部分工作委托给他人，内心也依然有诸多顾虑。这类人，大多是对于工作交给别人这件事存在某种心理障碍。

其实，回头想想，当你还未独当一面时，接到上司或前辈安排任务下来的时候，你的能力当时是否能胜任工作呢？

因为第一次做任务，未必能十全十美，这是非常正常的。然而，上级和前辈，为了培养你独立自主的工作能力，依然将很多工作交托给你。

分派工作本身也可以视为培养后备人才的一项工作。

当然，海水浴型工作方式，轻装上阵，关键点是不增加额外负担。

每增加一项工作，就要想办法减少一项工作。

高效秘诀：轻装上阵，协同工作。

高效人士创造独立空间
低效人士办公室里奋斗

碎纸机里面的垃圾堆成了山,能不能帮忙清理一下?

打印机出故障了,能不能帮忙看看怎么回事?

M年轻有为。但是在办公室,工作经常被上级或前辈的临时安排打断。因为经常把事情安排给他做,所以导致他工作老是中断。

对了,你能不能帮我把X公司合同的原件给我拿过来一下?

马上要和业务部的W碰头开个会商量一下,你也一起来吧?

原本今天必须完成提交给Y公司的建议书的任务,可是从一大早各种干扰,注意力完全无法集中。时间一晃,已经是下班时间6点了,只能加班。

M就这样不断被工作追赶,在办公室里不停地拼命奋斗着。

上级或者前辈有时候有事情自己忙不过来时,一般就会安排给部下或后辈。至于下属和后辈也正在忙自己手头工作,并不在他们的考虑之列。

因为是来自上司和公司前辈的指示,所以也不能拒绝,于是M只好抽时间去处理。但是做的那些工作,其实也都不是要紧的事,可做可不做。做完了临时安排的事情,要立刻恢复到刚才集中专注工作的状态,需要的时间转换成本也是无法忽视的。

如此一来,M本来手头任务完成所需要的时间延长,工作时间持续增加。

N是和M同一批到公司的同事,工作效率高。制作计划书等工作是需要创造思维的脑力劳动,需要集中注意力完成,这类工作他通常不会在办公室里处理。

他会告诉周围的人,说是需要集中注意力做事,打声招呼,然后就独自把自己关在会议室里工作。在这样的环境里,完全不用担心工作期间来自他人的打扰。

这样,就给自己创造出了独立的思考空间。

也许有人觉得躲在独立空间里不妥,但这样能保证工作专注力,缩短工作时间,保质保量完成工作。

上级或公司前辈交代的事,集中专注力完成自己手头工作之后，回到办公室后再处理也无妨。

当然，需要创造独立工作空间的时候，提前给上级和公司前辈打个招呼。万一他们有紧急事件需要帮忙处理，也能够找到人。提前打个招呼，就不至于有事的时候联系不上，增加更多麻烦。

另外，创造独立私密空间需要注意一些事项。需要确认公司内部哪些是可以带出办公室处理的安全邮件。严禁外带的资料、商业保密资料绝不能带出办公室。如果造成信息泄露，事态就会很严重。

高效秘诀： 想专注工作时，避开干扰因素多的办公室。

为什么工作总是做不完：从低效变高效的 42 个秘诀

CHAPTER FOUR

第 4 章

节约时间提高业绩的思维方法

- ① 高效人士错峰出行　低效人士高峰拥挤
- ② 高效人士星巴克思维　低效人士麦当劳思维
- ③ 高效人士借鉴范本　低效人士从零开始
- ④ 高效人士老鹰思维　低效人士乌龟思维
- ⑤ 高效人士认为未尝不可　低效人士认定理应如此
- ⑥ 高效人士力求优势最大化　低效人士希望能面面俱到
- ⑦ 高效人士勇于接受新事物　低效人士多半会墨守成规
- ⑧ 高效人士在经验中成长　低效人士在失败中反复
- ⑨ 高效人士用时间创价值　低效人士消耗时间资源

高效人士错峰出行
低效人士高峰拥挤

一般乘坐电车上班的人，出门会首选交通时间最短的急行电车或者快速电车吧。

当我还是一名普通公司职员时，我一般都是乘坐快速电车上下班。这趟电车，据说是人们公认的关东地区高峰期最拥挤的电车。电车里经常都是拥挤不堪，甚至连转身都困难。

报纸什么的是肯定没法看的，小开本的书也看不成的，好不容易把书拿出来，想要翻上几页，结果连手腕都没法动弹。

本来，上班交通时间，可以搜集信息、确认当日计划，是非常珍贵的碎片化时间。

上班如果单程交通需要 1 小时，来回一趟就是 2 小时。一周 5 天就是 10 小时，一个月 20 天就是 40 小时。一年按

350天算的话，就是700小时，算下来数字惊人。700个小时的努力，也许就可以通过一次资格考试，平均下来的话，每天可以看一本200页左右的商业类图书。

然而，大部分人为尽快赶到公司，通常选择乘坐急行电车或快速电车。在拥挤不堪的电车里，不仅完全无法搜集信息，反而徒增压力与疲劳。

电车里人多，相互拥挤，有时候还出现互相指责，引起口角。电车里很多人情绪都很焦躁不安，这种焦虑也会蔓延到周围群体里。

乘坐出行高峰时的满员电车，有百害而无一利。

高效人士怎么做的呢？高效人士往往选择各站点都停的普通车上班，避开高峰时的急行电车和快速电车，并且充分利用这段时间用于信息输入。

我住所附近有个车站。距离这个车站一站路的是始发站。我上班时，就到始发站去乘坐各站点都停的普通车。普通车里的乘客大部分看起来都很平静，没有什么焦虑的神情。

普通车里，可以慢慢找个位置坐下来，然后就可以打开报纸看看，或者翻翻书。

当然，换乘不太方便时，错开高峰坐车，或乘坐软座车、特快列车也是不错的选择。

我经常这样乘车上下班，电车对我而言，就是令人心情愉快的移动书房。

软座车或特快车的确费用要高些，但却是有价值的投资，可以带给我们充分的回报。

高效秘诀： 将空旷的车厢变成移动书房。

高效人士星巴克思维
低效人士麦当劳思维

工作效率低的人，做事特别喜欢参照工作指南。

无论发生什么情况，都严格遵守操作指南，对于指南当中没有记载的东西就认为是禁止的内容。

麦当劳快餐的操作指南中，详细记录着每一个操作步骤，因为按照麦当劳的经营理念，要求员工行动快速敏捷，同时要求操作时省略无用的步骤。

甚至，连微笑服务都有固定程序。难怪每次点餐之后，服务员带着微笑说"请稍等"，让我们等待的时候，总是有种很模式化的感觉。

麦当劳非常重视翻桌率，所以某种意义上这么做也是无奈之举。因此，菜单上没有列出的产品，自然是不会准备的。

至于客人要求薯条加点盐，或者单独给钱要求做个双层的鱼肉汉堡等，这些额外的要求都是无法得到满足的。

星巴克则不同。虽然星巴克的菜单也是有固定商品，但是中间还存在可以个性化操作的空间，会考虑每个顾客的需要，当顾客提出特殊的点单要求，基本都能够处理。当然，菜单里没列出的可乐、雪碧之类自然是没有的，不过拿铁里多加点牛奶啊，咖啡里面放点蜂蜜啊，这些个性化的要求基本都能办到。甚至有时候，还会收到来自服务员的小纸条，写着"Have a good time"之类的问候语。

因为工作的关系，我常去光顾星巴克咖啡。因为我经常带着旅行箱，还会有店员询问我是不是出差，并且还会和我聊几句天。

有时候，还会有热心的店员告诉我附近值得一看的旅游景点的信息。

我将这两种不同的接待客人的方式，暂且分别称为"麦当劳思维"和"星巴克思维"。

"麦当劳思维"，严格遵守行动指南，完全没有任何额外多余的操作。在节约工作时间方面，效果非常显著。员工完全不需要多余的思考，或者即使想到或许有其他好办法，但是既然操作指南上没有写，那也不用去做。

最后，惰性慢慢形成，很容易变成应付交差的状态。

工作并不是简单的重复，工作需要创造性。

星巴克思维，在对待客户的时候，根据每一个客户的要求灵活地处理，尽可能提供给每位顾客个性化的服务。

可能有人会认为：处理每一件事情都要思考，的确很需要时间。

但是，实际上有可能相反，可能会更节约时间。

每次花上 1～2 分钟，有意识地去思考，就可实现提高服务质量的目标。而且，因为让对方也很满意，也就不容易出现工作失误。

因此，从最终结果来看，思考并不会加重工作负担。相反，完全机械地按照操作指南，无须动脑的麦当劳思维，在应对特殊情况时，工作时间反而会增加。

高效秘诀：用少许心思就可以提高服务水平。

高效人士借鉴范本
低效人士从零开始

工作效率低的人,往往做任何工作,都不会提前准备,喜欢从零开始。发送给客户的电子邮件、制作计划书之类的资料,全部都从头开始去考虑填写的内容。

的确,按照对方的需求开展工作自然是好事。但是,每次都要从零开始做,再多时间也都不够用。

刚毕业那会儿,我进了一家旅游公司。因为主要是面向法人团体的销售工作,所以每天都要一家家公司去拜访,了解客户需求,然后根据客户需求定制旅游行程计划。

旅游行程计划,原本是没有固定形态的商品,内容千差万别。九州、长崎、熊本的旅行路线都有。但同样是长崎旅游,有市内深度游,也有住高级酒店根据喜好定制的自由行。有的客人希望住在温泉酒店,方便与大家热闹聚餐,有的客户则希望时尚酒店,只需安排共进晚餐的项目。

我一家一家去公司拜访征求意见,然后制作旅游行程计划。但是,每天一家家跑业务,时间实在是再多都不够用。

结果就是每天加班到很晚,回家都是赶的末班车。周末双休日也在工作,但是工作始终做不完。好不容易谈妥一家公司,都约好了提交行程计划的日期,但是手头工作太多,迟迟没有处理,一直拖着拖着,拖到最后,客户等得不耐烦了,直接将工作转交给了另外一家公司。

虽然工作非常努力,但是始终没有做出什么成绩,工作状态很差。

与我形成鲜明对比的是B,他和我同期,非常优秀。

B做事总是很镇定自若,运筹帷幄,客户订单源源不断。

他并没有因为要制作旅游行程计划,就一直都待在办公室里。B认认真真拜访客户,与客户交流,做出了很多成绩。

我很疑惑:到底我和他的差别在哪里?

有一次,深夜加班后,就剩下我们两个人,去拉面店吃夜宵。我就问他:为什么你工作进度这么快?旅游行程计划之类的怎么做的啊?结果,他的回答让我十分意外,他告诉我是照搬原来公司前辈编好的模板。

可是,照搬什么的不就是抄袭作弊吗?我不以为然,我认为工作中不能耍这种小聪明。

然而,后来还有件事却让我感觉更加震撼。我们分公司里销售业绩排行第一的N，据说自己的旅游行程计划，也是参照之前科长做的模板。

原来如此，"照搬"原来是"能干人"的共通的技能。

B将平时口碑好的酒店、受欢迎的观光景点之类的信息，先记录下来，以方便制作行程计划。看到有写得好的行程，就将其作为模板保存下来。

手中有了固定模板，需要用时，只需要改变客户姓名、日期等信息，就可以快速制作完成旅游行程计划。

原本制作文档资料之类，就不是公司的主要业务，而是附带的任务。

真正最主要的任务，是与客户建立良好的沟通关系。

沉浸在忙碌中的自我满足，不必要的时间浪费，自然难出成果。

学生时代，如果考试照抄，自然是违反学校规定的。但是在职场，照搬好的范本作为借鉴，是非常聪明的做法。

任何事情想要从零开始，都是非常困难的，也是相当耗费时间精力的。

将公司前辈工作中的好的工作诀窍、智慧、技巧等保存下来。向能干的同事们学习更好的方法，对于自身的成长而言也是一种积累。

不积累好的经验，不借鉴好的方法，工作能力无法提高。

高效技巧：学会借鉴好的经验。

高效人士**老鹰思维**
低效人士**乌龟思维**

如果有个100页产品目录制作的任务交给你，你将其分别安排几个人负责完成。

A负责其中20页的制作。

A觉得自己负责的这部分一定要尽力做到完美，因此细节部分也十分花心思，页面设计也很讲究，认真打磨，慢工出细活，终于完成了。但是，也因为A太慢了，等到快到截止日期才拿到A完成的部分，最后大家不得不加班，给同一团队的其他成员造成很大困扰。

在A的眼中，只看到自己负责的工作，完全没有全局概念，所以迟迟无法完成任务。

我们暂且将A这种工作思维方式称为"乌龟思维"。

所谓"乌龟思维"，就是勤勤恳恳、努力将该做的工作认真完成。

今天做完一件，再做下一件；一个步骤一个步骤前进，就这样循环往复。的确，工作的确是完成了，进度也有条不紊。但是，这种只见树木不见森林的状态，对于整体工作的完成完全没有概念。

而且，如果每个人都把所有精力只放在眼前的工作上，一旦遇到必须紧急完成的任务，就会表现各部门目标占据主导，最后虽然尽力完成各自工作，但企业未能实现整体最佳效果，成为次优化问题。

有一则"龟兔赛跑"的寓言故事。故事中，乌龟侥幸战胜了兔子。但是。职场上，速度非常重要。无论工作如何努力，不能按时完成任务就没有任何收获。

同样，B也分配有20页的任务。拿到任务，B首先了解了一下整个计划，然后开始安排自己的工作进度。

因此，商品目录制作工作分配的当天，确认自己负责部分的交工日、最终数据提交日期等相关日程安排，然后开始安排计划。

业务部需要在2月15日提交商品目录给客户。

按此时间，1月20日之前就必须将完整数据的底稿提交印刷公司。

同时，负责目录设计排版等工作则要求要在1月10号之前交稿。

但是，12月20日开始到1月10日正好是年末与年初，各部门岗位应该也非常繁忙。

因此，12月15日必须提交完整稿件。

首先分析目标要求，根据系统目标做出预测，并进行合理规划。

B每天的时间安排也是按从目标倒推来安排的。
比如说要下午6点准时下班。
5点之前做好下周会议需要的资料，提交给上级。
3点前必须开始着手准备编写资料。

在此之前，还需要花点时间做好报价表交给E公司，而且，下午的时候，部长经常会安排些紧急任务下来，每次处理紧急任务大约要1个小时。那么，提交给E公司的报价表必须在下午1点左右就要开始安排。因为每天都有提前规划，安排有条不紊，最后也不需要加班。

B的这种理想的工作方式是像鸟儿一样置身于高处，是俯瞰到整个全局的。

换言之，就是"不仅看到树木，还看到森林"。

我将B这种思维称为"老鹰思维"。

因为，老鹰占据高处，从上往下俯视，比乌龟的视野更加宽阔。

而且，视野宽阔，也比较能够考虑配合其他人。因为平时注意照顾到其他人，工作中大家并肩作战，遇到自己解决不了的事情的时候，也能得到大家协助，帮助工作顺利完成。

高效秘诀： 像空中飞翔的鸟一样具有宽阔的视野。

高效人士认为未尝不可
低效人士认定理应如此

低效人士大多思维较为固化，往往认为工作方法、劳动方式等都必须遵循一套固定模式。

遇到事情，他们脑海中就会出现"理应如此"的概念，根深蒂固。

例如以下这些，在他们眼中都是"理应如此"的。

- 应该比上级和公司前辈提前到达集合地点。
- 下属和后辈应该先主动打招呼。
- 上级安排的事情应该在30秒以内快速到位响应。
- 邮件必应该在2小时以内做出回复。
- 公司前辈搬重东西应该率先上前帮忙。
- 提交建议的资料应该集中统计在3张A4纸上。
- 应该打个电话。

- 需要提交的资料应该在截止日期当天提前两小时提交。
- 面谈不能临时安排，而是应该通过邮件事先取得预约。
- 夏天也应该穿长袖的衬衣。
- 空调温度应该设定为26℃。
- 招待客户喝茶应该泡绿茶。

像这样的一些"理应如此"，似乎是适用于所有人的一种固定规则。

然而，人是个性化的主体。每个人的工作方式、思维方式、关注的重点各有不同。

你所认为的"理应如此"的事，对方眼中则可能是"毫无必要"。

所谓"理应如此"的观念，其实不过是个人的思维定式。

凡事都按思维定式思考的人，面对他人的行为往往缺乏耐心，会质疑他人为何不按照自己的要求做事，并且还会因此耿耿于怀，进而影响到自己工作的专注力。

与之相反的是，高效人士往往是抱有"未尝不可"的态度。

所谓"未尝不可"，也就是"或许可以试试看"。

比如说，不用非要赶在上级或公司前辈前到达集合地点，而是稍微宽松一点，只要在集合时间前5分钟到位就没问题。

日常生活中，用"未尝不可"的思维看待他人，个人的焦虑就会减少，自身也能专心专注于工作。

当你明白地表达自己的不满和焦虑，对方也会感觉很不愉快。当对方心生不悦，对于你交代的事情也许就会往后推迟缓办。

相反，即使内心感觉烦躁不安，但是你并未表露出来，而是情绪平和，那么面对你的要求，对方也会更乐意予以协助。

一个认为事情"理应如此"而对你做事方式表达不满的人，一个情绪平和待人宽容的人，如果两个人同时安排任务，后者的事情自然会被优先处理。

当然，不是所有的事情都"未尝不可"。有的事情，必须遵照原则性要求。如果有明确的违反规则、有失礼节等的行为，必须明确阻止，并要求对方及时纠正。

重要的心理准备：容许自己与对方存在价值观、思维方式、工作方式等方面的差异。

高效秘诀：求同存异，宽以待人。

高效人士力求优势最大化
低效人士希望能面面俱到

低效人士有种倾向：打印的计划书和资料中，总是尽力塞入尽可能多的海量信息。

这就像盒饭套餐一样，什么都有，主食、青菜、鱼、肉等，各种食材塞得满满的。

将输出的信息当成"盒饭套餐"的人，往往容易这样想：

- 资料越详细越好。
- 海量信息的资料感觉比较体面。
- 插入大量图表会让资料看起来更精美。

然而，以上想法其实不过是一厢情愿而已，因为并未站在对方需求的角度考虑。

原本制作的计划书或文件资料，主要是以解决要说服的对象、工作负责人等问题为目的的。

实际上，职场的商务场景中，讨论某特定事件的解决方案时，涉及的重要信息并不多。因此，准备资料时，关键是要明确对象，明确目的，提炼出最重要的信息。

有的人认为，列出大量信息是为了以防万一，只有把所有信息都列出来，才能避免信息遗漏产生的风险。

但是，想想看，你在通信公司销售部买东西时或者入住酒店时，所有的条款全部都会详细阅读一遍？

可以肯定，那些条款基本上没人会看。

这种面向大众的资料，大多数人都不会细看。因此以固定对象为受众的计划书或文件资料之类，只需要集中提炼必要信息，做好提示即可。

盒饭套餐里，中间放上一片高级鳗鱼，但是因为里面有各种各样的菜，鳗鱼会很不显眼。同样，信息太多，反而容易抓不住重点。

此外，职场如此忙碌，提供的资料，要求对方花费相当长时间才能看完也是不妥的。比如几十页的文件、排得密密麻麻的数字表格等，这都无异于浪费他人时间。

同样，对于自身而言，为达成目标也浪费了大量时间。

总之，有百害而无一利。

向对方传递相关信息的时候，需要遵循一个重要法则：KISS法则。

Keep it Short and Simple. KISS就是这句英文中四个单词的首字母组合。

商务文书中最重要的要求：短时间内简明扼要总结信息。

人们通常喜欢简洁明了的说明。简短的语言提炼出的信息，更容易给对方留下深刻印象。我们看看下面的例子。

- 一张幻灯片只列出一项信息。
- 传达的内容浓缩为三页。
- 幻灯片的底色保持一致。
- 商品说明提炼为一句话。
- 资料内容过多时，在幻灯片开始的摘要部分将其浓缩为两页进行说明。
- 尽可能用简短的语句表达。
- 去掉主语谓语以名字结句。
- 版面留出足够的空白。
- 零碎的信息做好总结。
- 每张幻灯片插入图表不超过一张。
- 曲线图中的重点部分字体加粗。
- 运用矩阵图或矢量图。
- 精简信息。

高效人士，工作中更关注优势最大化。

专门到鳗鱼料理店的人，主要目的自然是要吃高级鳗鱼，而绝对不是为了吃油炸食品或者菠菜之类。

如果到了鳗鱼料理店，菜单上来，只看到高级鳗鱼上面还有炸鸡块、蔬菜等，塞得满满一大碗会怎样？大家还会有食欲吗？

恐怕更多的人会希望鳗鱼饭主打鳗鱼，这样才能充分体会到高级鳗鱼的美味，而不会想要吃炸鸡什么之类的吧。

将高级鳗鱼饭比作资料，鳗鱼就是对方最希望获取的信息。只需要弄清楚这一点，后面部分可以仅作参考。

提交给客户的资料或计划等，尽量不占用对方太多时间，简明扼要提炼出关键信息。

另外，我通常在资料定稿前，在草拟或者制作阶段，将内容和形式大致告知对方，咨询征求对方意见。如果对方要求添加内容，则可以询问对方：准备增加30页，这样资料就会有点厚，是否可以？合不合适？随后，针对性找出具体的问题点请对方确认，请对方指教。这样考虑到对方需求制作出的资料，不仅内容一目了然，也大大节省了工作的时间。

此外，还给对方留下工作认真仔细的好印象。

正所谓：一举两得。

首先了解对方的需求，根据需求提供资料。

高效秘诀：提交资料需要遵循KISS法则。

高效人士勇于接受新事物
低效人士多半会墨守成规

下班途中想要喝上一杯,进了小酒馆,轮到点单选喝的饮品,不假思索,照例来个啤酒吧。这种类型的人真不在少数吧。

这种类型的人,完成工作的时候往往需要更多的时间。

"照例来个生啤吧"这句话,本身就是停止思考的证明。

今天不想喝生啤,想来个高波酒(威士忌加苏打加冰);考虑到天气的因素,又觉得喝生啤可能有点凉,换成温热的烧酒也不错;……心中各种念头闪过,但是有时候为了迎合某个人,或者一群人,依然选择了"照例来个生啤"。

"照例来个生啤"似乎成为一贯,成了不可打破的神圣之规。

这才是问题所在。

我们应该对神圣地带持有怀疑的态度。

类似会议、日报、报告等，实际上有许多完全可以废除的项目。然而，内心虽然这样想，却又考虑到惯例已经延续多年，上司也满意，所以成为大家不敢去触碰的神圣领域。类似这样的情况也是不少的。

这些在神圣领域里，依然按照惯例持续努力的人，其实在这方面花费了很多额外精力而不自知，这一点常导致他们的工作效率低下。

相比较而言，高效人士，通常看一下菜单，看到有新品，会有好奇心，想要尝试一番，所以通常会点新品。

高效人士经常勇于尝试新事物，享受新变化。

当然，他们这样的人，在众人聚集的酒会时，遇到大家都异口同声选择"照例来个生啤"时，往往也很难选择点其他类型的饮品了。

这是来自集体的要求"步调一致"的压力。

这种场合，作为掌控全场的人，如果不是照惯例而是选择不同的东西，比如点威士忌加苏打加冰，然后再询问大家意向，其他人大约也会选择适合自己不同喜好的饮品。

同理，开会时如果会场主导提出不同意见，那么对会场上那些年轻的职员或者性格软弱的人，就能够鼓起勇气发表不同意见。

高效人士重视以下两点。

1. 敢于打破常规惯例

"ECRS",是一种帮助提高工作效率的优化策略。

Eliminate（清理）、Combine（统筹）、Rearrange（替换）、Simplify（提炼/精简），通过以上四个切入点，构建工作效率的优化策略。

四个切入点，首要的就是第一个清理任务E（不需要做的事情不做），因为这是优化效果最明显的策略，然后依次是C、R、S。

那些被视为神圣领域的惯例常规，那些被视为理所当然的事情，试想想，真的有必要做吗？你会发现，其实完全可以省略精简的工作比预料要多得多。

我们举例说明看看，一直延续到现在，人们都认为不可触碰的神圣领域。例如：每天1小时的例行会议。

- E（清理）——废除这一例行会议。
- C（统筹）——统一为每月1次例行会议。
- R（替换）——采用视频会议方式参加。
- S（精简）——会议时间控制在30分钟。

打破常规或惯例进行优化，可以节约工作时间。

2. 鼓励其他成员踊跃提出意见

声音洪亮的人或者威慑力较强的人，掌控会议时，大家大多不会主动发表自己不同意见。

而且，就像大家点单时按照惯例一样，人云亦云，没人敢发出不同声音，如此一来，整个团队思维也会停滞不前。

其结果，自然就是所谓的常规和惯例岿然不动，"ECRS"也完全无法发挥作用。

因为，这种情况下，人们迫于集体步调一致的压力，不得不选择追随主流。

时代变化日新月异。一味追随主流，容易遭时代淘汰。

我们尝试改变一下思维。不一定要随主流，不一定要按惯例，不一定要墨守成规。如果能让整个团队的思维活跃起来，定会带来新的改变。

这正是节约整体团队工作时间的关键之一。

高效秘诀：灵活运用ECRS，打破常规，尝试新的变化。

高效人士在经验中成长
低效人士在失败中反复

低效人士，往往以取得好业绩为首要目标，情绪也随着业绩好坏而起起伏伏。

低效人士在工作中学到的经验，大多没有做任何记录。下次同类型的任务安排下来，依然很难做出改进。工作的经历，对他们而言，并没有对提高效率提供任何帮助。

相比较而言，高效率的人，会总结整理工作经验，将每次工作中的心得收获记录成册。下次同样任务布置下来，参照手册指导，帮助提高效率和质量，对于缩短工作时间非常有效。

因为制作成了工作手册，所以团队其他成员或其他部门也可以共享信息资料。

总结工作经验的时候，可以使用便捷的"YWT"方法。

通过Y（已完成的工作）、W（工作中的发现）、T（下一步的工作）这三方面做工作总结，方便以后随时做一个工作回顾。

1. Y列出已完成的工作

——列出实际已经完成的工作。

2. W列出工作中的发现

已经完成的工作（Y）中，列出工作中的发现（W）。这是寻找工作中需要学习和观察的环节。无论是总结成功的经验，还是分析失败的原因，领悟和心得都尽可能毫无遗漏地记录下来。

3. T列出下一步的工作

根据1和2的内容，列出下一步的工作。如果以后遇到同类型的工作该如何处理，将想法构思写出来。

专科学校的入学说明会，每个月举行1次，将其作为示例演示一下。

1. Y列出已完成的工作

- 迄今为止已经给咨询的600封邮件做出回复并发送了明信片。
- 说明会开始时间是下午6点30分，会议地址安排在新宿。
- 整个说明会45分钟，体验实习60分钟，现场答疑15分钟，总计用时120分钟。

2. W 列出工作中的发现

- 安排的2名工作人员,跟踪调查30名参会人员难度较大。
- 有好几个人说明会迟到了。
- 有5名参会者在问卷调查中提出会场不好找的问题。
- 有10人以上工作地在中央区和千代田区。
- 现场答疑时间超时10分钟。

3. T 列出下一步的工作

- 加强客户跟踪调查,当参加人数达到30人时,安排3名工作人员而不是2名。
- 参加人数限定为10名,安排2名工作人员进行细致周到的调查。
- 整体说明会限定在30分钟,现场答疑安排在30分钟。
- 会议开始时间安排在7点,地址安排在方便出入的饭田桥。
- 探讨定期给客户发送邮件杂志的相关内容。

如果有什么活动或者任务的话,尽可能保证YWT方法进行工作回顾的时间。按照以上项目逐项列出的工作,可能有不少人质疑会不会花费太多时间。实际上,这种担心是没必要的。

通过回顾以上YWT三项,T(下一步的工作)在PDCA中,创建P(计划)的时候将会起到重要的启发作用。

最终结果,原本所需的工作周期必然因此而大幅度缩减。

其次，通过持续使用YWT的方法，工作手册的精准度也会不断提高。

这样，就用不着每次工作都花费很长时间了。

试试看，用10分钟或15分钟回顾一下YWT的内容，然后在此基础上写出工作总结，并将这种模式常态化。

将经验变为财富，避免时间浪费。

高效秘诀： 总结经验并记录成册。

高效人士用时间创价值
低效人士消耗时间资源

　　罗多伦（Dutor）咖啡店，通常位于车站附近，十分快捷方便。我也经常在等待下一次预约的时候，利用等待的时间，进去喝上一杯或者看看书什么的。

　　咖啡价格也很亲民，一杯大概200日元到300日元的样子，所以很受欢迎。

　　但是，对于喝咖啡只去罗多伦这种平价咖啡厅的人，我们是需要注意的。

　　或者说不仅仅是罗多伦咖啡，喝咖啡只去固定一家咖啡店的人，大多形成了思维定式。

　　可能会有人说：我经常去罗多伦，也会去Veloce、Tully's等咖啡店喝咖啡。但是这三类咖啡店都是属于价位相差无几的平价咖啡店，三者之间并不存在本质差异，依然属于同类。

每次都是相同的环境、相同的行为，很容易让我们的视野变得狭隘。

高效人士，往往在日常生活中创造些变化。

不是总是光顾罗多伦一类的平价咖啡点，偶尔也会到高级酒店的咖啡厅喝咖啡。高级酒店的咖啡厅，一般花费在2000日元到5000日元，但是其中的收获也是很多的。

- 精致的咖啡杯、托盘，舒适的沙发。
- 咖啡厅店员举止得体，服务周到。
- 享受到有别于日常的别致空间。
- 自然视野变得更开阔。

在脱离日常生活的别致空间里，容易放松下来，也更容易获得灵感，还可以调节情绪。

并不是说一定要去那些高级酒店，消费好几万日元吃晚餐，偶尔有空的话，去去那些别致讲究的场所，沉静下来喝上一杯咖啡、红茶享受一下，可以体会到全新的感觉。

有时，花点钱换取时间和空间也是必要的。

金钱是非常重要的，但是与时间不同的是，金钱失去了，依然可以通过努力挣回来。

但是，时间是有限的，时间一去不复返。

例如，偶尔坐一趟软座车，去高级专卖店买点小东西，这样也完全算不上是浪费。

工作的时候，如果任何事情只从金钱的角度考虑，可能会浪费更多的时间。

我们要这样想：偶尔多少花点钱购买时间也是很好的体验。

人的时间观念与工作时间长短是密切相关的。

高效秘诀：偶尔花钱体验下不同日常的感受，拓宽视野。

CHAPTER FIVE

第 5 章

科学管理情绪的方法

- **01** 高效人士理性客观　低效人士感情用事
- **02** 高效人士直面内在情绪　低效人士困于外在情绪
- **03** 高效人士直面问题　低效人士隐藏问题
- **04** 高效人士摆脱消沉努力振作　低效人士情绪低落无法自拔
- **05** 高效人士选择性屏蔽信息　低效人士热衷于搜集信息
- **06** 高效人士规律性减压　低效人士累积性减压
- **07** 高效人士能接受不完美　低效人士过度追求完美

高效人士理性客观
低效人士感情用事

有很多人，认为感情外露是不太好的。

因此，在工作时，如果出现自己反感的事，或遇到蛮不讲理的情况，人们会努力去控制自己情绪，尽量不表达出愤怒。即使十分生气，依然强行压制住这种情绪，尽力做到不形于色。

表面上看起来和颜悦色，实际上却是怒火中烧。

但是，人毕竟是情绪动物。

其中的"愤怒"，对人类来说，是不可或缺的情绪。

原始社会时期，面临野生动物袭击的时候，人们为保住自己的性命，往往选择采取"战斗"或者"逃跑"的策略。而此时，给予我们力量的，正是"愤怒"这种情绪。

"愤怒"，是人出于防卫时的情绪表达，与人的生存本能密切相关。

现代社会，"愤怒"的情绪，有时会转化为强大的力量促成人们完成某个任务，有时赋予能量推动个人努力以获取更高成就。

例如，原本的目标是工作业绩拔得头筹，成为MVP。可是很遗憾，今年业绩不佳，只排行第四，未能达到预期目标。于是，内心不服气，开始努力准备下一年度的行动计划以一雪前耻。

当然，能够将悔恨（愤怒）转换为行动的力量，这是大家都期待的事情。

能够将"愤怒"情绪转化为积极的推动力，是难能可贵的。

只是，表达愤怒时需要掌握好度。过于强烈的愤怒情绪会伤害到他人，愤怒时措辞激烈会导致双方口角，以上情况都是人们不希望发生的。

此外，愤怒这种情绪偶尔也会向消极方向转化。

因为，人毕竟是情绪动物，很多时候是无法抑制情绪的。

所以，有些人表面上看似一脸平静，实际上内心蕴含着极为愤怒的情绪。

职场中，要顺利开展工作，科学的情绪管理方法至关重要。

E是公司营销事务部的工作人员，一直负责做报价表类的相关工作。

工作能力强、效率高，备受同事们的肯定。

但是，最近E遇到了困难。一起负责同类业务的C上个月辞职了，这个月刚入职的D因为生病请假了。于是之前由4个人负责的12个销售人员的业务如今落到了两个人头上。每天业务繁忙，人手又不够，结果，E每天都不得不加班。

持续加班的后果，首先是感到体力不支。然后，最近两周，连一直参加的英语口语培训班也去不了了，就这样情绪越来越焦躁不安。偏偏有一天，销售业务员F发牢骚，指责E的工作效率太低。这一瞬间，E再也按捺不住内心积累的愤怒了。

E决定直接向上级汇报情况。

想要向对方传递信息，但内容表达比较困难时，可以使用DESC法则。

D（Describe，描述）——描述目前的状况。

E（Explain，说明）——说明自己的心情。

S（Specify，建议）——提出希望对方协助解决的方案。

C（Choose，选择）——当对方表达同意或反对时，事先列出选项，考虑下一步怎么做。

这种方法是她在听讲座的时候学到的。学以致用，因此，她很冷静地向上级汇报了基本情况，并提出了改变现状的一些建议。

D——原本由4个人承担的工作，如今变成了只有两个人承担。

E——每晚加班到很晚，为赶在期限前提交，时间紧张。身体承受能力也达到极限。

S——是否可以增派人手帮忙。

C——（征得同意后）希望这个月内能安排好人手。

如果以上建议遭到反对，还有备选。单位工作日下午5点前安排下来的报价表任务，要求在两天后的中午12点前提交并发送，时间紧迫。这个月内，是否可以调整一下，将提交时间延长一天，时间宽限到3个工作日？

这样一来，如果上司也在考虑加派人手，但目前还存在困难时，会综合考虑现实情况，有可能同意近两个月将期限放宽到3个工作日。

E原本希望近一个月时间内放宽时间期限，结果获得了最近两个月的宽限。

如果只是一味地强调自己的主张，表达的时候不考虑对方立场，不尊重上级意见的话，不仅会得罪上级，而且也很难期待上级采纳自己的意见吧。

实际上，在两年前，E所在部门就已经存在人手不足问题，E也曾经向上级申请过增派人手。可是当时，E完全不了解DESC法，直截了当向上级提出要求：希望增派人手到业务部。

结果，上级不仅根本没考虑她的意见，还当场驳回了申请，同时还批评她，就是因为喜欢自作主张工作才进展缓慢，要求她多花点心思想想怎么提高效率。

汇报情况时，表达主观愿望与客观事实同样重要。

DESC法则，充分发挥了主观性和客观性的功能。这种方法，不是单一表达个人主张，而是基于换位思考基础上的表达方式。

首先，说明客观存在的事实："原本4人负责的工作现在只有两人承担"，上级就会了解情况，并且能够做出冷静分析和判断。

如果在此基础上，意见无法统一，就可以选择在双方接受的范围内探讨其他解决方案。

高效秘诀：使用DESC法则进行情绪管理。

高效人士直面内在情绪
低效人士困于外在情绪

"为什么没按时交工？"

"别给我说什么'时间太紧张，实在做不到啊！'之类的，这种理由我不想听！"

"错了多少次了？要怎么做才能对一次？"

"为什么给自己定这么高的目标？"

工作的时候，难免有时候会对工作伙伴产生不同程度的愤怒情绪吧。

愤怒情绪，有时候能转化为正能量，有时候也变身为工作的天敌。

愤怒情绪会阻碍思考，降低工作专注力，还会导致工作时长大大超过平时。

愤怒情绪持续的时间越长，发怒的频率越高，工作的进展就越慢。

换言之，必须能够直接面对愤怒这种情绪，并能对其及时予以纾解。

情绪分类：内在情绪与外在情绪。

愤怒是外在情绪的表达，其中蕴含着内在情绪需求。所谓内在情绪，包含有不安、痛苦、难受、孤独、悲伤等负面情感。

因为某种原因，导致负面情感"内在情绪"爆发，这种情绪得不到纾解，于是就形成了"外在情绪"，即"愤怒"的表达。

例如，当上级质问下属：为什么没按时完成工作？

此时，愤怒情绪的背后，包含着的是对下属的期待，期待下属能够按时完成，可是对方却未能如愿达成，于是"遗憾"的内在情绪产生了。由于"遗憾"这种心情未能得到有效纾解，于是就外化成了愤怒的情绪。

然而，大多数人，当愤怒情绪滋生萌芽的时候，往往会被愤怒情绪所左右，而很少会意识到自己内在的情绪需求是什么。

因此，他们无法处理造成愤怒情绪的元凶，而是任由其滋长，最后，这种情绪持续蔓延，愤怒升级。

原本已平息下来的怒火，很快又被点燃，最后发展到暴怒。内在情绪需求持续得不到纾解，就会导致这种局面。

高效人士，理解情绪中的外在情绪表达和内在情绪需求。当感觉到愤怒萌芽时，先分析下自己内在情绪诉求，然后面对激怒自己的对方，通过审视自己内在心理需求，合理表达出自己愤怒的原因和真实感受。

例如："因为不清楚到底什么时候可以完成，所以我很担心，能否告诉我具体是怎么做的？"

这样，我们可以在明确表达自己内在情绪需求基础上，向对方提出相应要求。这样做，就能抢在外在情绪"愤怒"成为主导之前解决问题。

如此，对方就能具体了解到你的内在情绪需求，明白事情的问题所在，并能够真诚地接受意见，进行相应处理。如果不由分说，先骂对方一顿，那么对方脑海里只会留下你愤怒时的难堪场景、完全不明白愤怒的原因，并且只会感觉到很不愉快。这实在没有意义。甚至，若是有时候遇到对方也不甘示弱，有可能最后变成双方的愤怒对战。

工作，从来不是个体的行为，通常都需要团队的协作。

工作安排给他人，当对方达不到自己的工作要求，自然容易感到不满。

正因如此，更需要采用合理方式理性处理好愤怒情绪。

高效秘诀：处理好愤怒情绪中的内在需求。

高效人士直面问题
低效人士隐藏问题

开展新工作，与新伙伴合作，在感觉到紧张和兴奋的同时，也会存在少许不安吧。

面对心中隐隐的不安，大多数人会安慰自己"应该没问题吧"，就这样抱着侥幸心理，以消除内心的不安。

然而，感觉到不安，是因为潜意识给自己的某种警告。如果不考虑好应对方法，最终，可能会导致脑海中的不安持续存在，并且不断干扰到工作。最后，就是专注力降低，工作迟迟无法如期完成。

与低效人士不同，高效人士在感觉到不安时，会将这种不安和担心的问题记录下来，有意识地考虑对策以消除这种不安。

通过记录将担心的问题形成书面文字，不仅能找到问题，还能思考相应对策。

一旦写下来，就很方便回忆而不用担心遗忘。同时，可以保持头脑清晰，工作中的专注力也能提升。

当然，记录下感觉不安和担心的问题点时，需要分成三类列举。

1．已经明确的工作

例如，要开一个公司商品的说明会（推介会），推介对象是某公司。第一次负责此项工作，之间的负责人又没有调过来，无人商量，心里不安，担心这次的推荐会工作进展不顺利。

首先，写出已经明确了的工作。

- 目的。
- 日程。
- 内容。

2．实际已经准备就绪的工作

接下来，列出实际上已经准备就绪的工作。

- 会场的预约方式。
- 陪同需要接待客人的时间安排。
- 会议当天的签到负责人。
- 会场必需的备用物资。

- 推介会产生的费用金额。
- 会议指南插入产品海报等。

3．目前尚无法掌控的工作

- 会议当天实际参会人数多少。

像这样分类列出，1和2的部分只需要找熟悉的人或者懂的人打听一下，就可以做出判断了。而且，那些让人担心的问题点，通过尚未掌握的信息的其中一项分析，一目了然。

"到底实际参会人数会达到多少"，在会议还没开始前，是很难掌握的，因为存在很多不确定因素。因此，只需做好心理准备，无须为无确定性的事情烦恼。

不安的情绪，就是一团模糊的、抽象的迷雾。将这团迷雾拨开，转换为具体文字，则其中内容自然就清晰显现出来了。

在明确记录好问题点后，再将其按照"可改变的部分"和"无法改变的部分"进行分类，如果改变其中可以改变的部分，工作中的问题也就一步步解决了。

高效秘诀：担心的问题按三类列出书面记录。

高效人士摆脱消沉努力振作
低效人士情绪低落无法自拔

"比赛从头到尾就没有赢过。"

"给重要客户增加了很大的麻烦。"

"原本以为会有晋升的机会,没想到依然要坐冷板凳。"

当事情发展不如人意,人们常常会感到情绪低落,做事提不起劲。情绪低落时,必须想办法尽快重新振作。

情绪低落持续时间越长,越会阻碍思维,导致工作专注力下降。

高效人士,为摆脱负面情绪,往往设置有一套快速自我振作的仪式。

这是为缩短消极情绪持续的时间而设定的仪式。

自我振作仪式主要分为三个阶段。

1. 寻找并肯定自己的优势所在

列出自己的强项，意识到自己所拥有的能力，有助于恢复自信心。

但是，如果处于情绪低落状态下就很难察觉到自己的优势。

首先，事先将自己的长处、优点等，写在手账上或者笔记本上。无论优点大小，都可以记录下来，至于内容，则尽量能写多少就写多少。

再次回顾这些内容的时候，就可以进行自我暗示：自己是有能力的。这样做，就能脱离负面情绪，创造迅速自我恢复的机会。

处于情绪低谷的时候，不妨回头翻翻这些笔记。

- 自己的优点是什么？
- 目前工作中比较得心应手的部分是什么？
- 比较受欢迎的特点是什么？
- 一直以来备受肯定的方面是什么？

2. 明白批评是对事不对人的道理

"为什么我连这件工作都完成不好？"

"我居然会犯这种错误，做人简直太失败了！"

当工作中出现失误后，以这样的方式不断自责，只会进一步陷入负面情绪的旋涡中。

重要的是需要明白：事情没做好，并非"人本身"的问题，而是"行为"存在问题。

在进行自我剖析时，需要将"自己这个人"和"自己的行为"区分对待。

改正自己行为中不足、不好的部分，下一次采取恰当的行为处理就行了。

"不小心把非常重要的数据给删除了……"

这种失误与人格、性格并没有关系，而是与行为方式相关。

今后的工作中，做到先认真确认，提前做好备份，改变行为就可以解决这类问题。

努力可以改变行为。沉溺于消沉中，既无助于解决问题，也无助于改变行为。

无须过度责备"自己"。

责备"自己"于事无补。

责备"自己"没完没了。

当我们过度自责，有可能造成自己原本可以做好的事情做不好的情况。

换个角度思考，争取尽快从负面情绪中脱离出来。

3. 尝试做些较容易获得成就感的简单事情

即便脑海中不断告诫自己：必须要脱离负面情绪，必须要快点振作起来，但是情绪并不是那么轻易可以改变的。

不过，意志的力量可以控制行为。

无论是多么不起眼的小事，首先行动起来，行动有助于获得成就感。

推荐做些很容易做到又比较简单的事情。

把工作报告写完，把办公桌收拾干净，无论做什么事都好，先动起来再说。

这些事情很快可以完成，很容易获得成就感，这样心情也会变得逐渐明朗起来。

情绪低落是无法控制的。

重要的是：尽量避免让负面情绪控制自己太长时间。

因此，即使再困难，也必须积极行动起来脱离负面情绪，尽快振作起来。

任何事情，如果只停留在想想而已，不会有任何改变，行动起来，情绪也会随之发生变化。

高效秘诀：情绪低落时参照振作仪式采取积极行动。

高效人士选择性屏蔽信息
低效人士热衷于搜集信息

美国心理学家戈登·霍华德·鲍威尔，通过实验发现了"情绪一致效应"的心理现象。

所谓情绪一致效应，意思是人往往会搜集与情绪相符的信息。

例如，那些认为自己毫无疑问会取得成功的项目，就会非常高兴投入其中，并且会倾向于搜集一些有助于工作成功开展的信息。

相反，如果担心项目会失败，害怕下期预算达不了标，整个人就会处于不安情绪之中，此时就更容易去关注那些不利的负面信息。

这就是"情绪一致效应"。

这种现象，和每个人的思维习惯是密切相关的。

换言之，就是如果习惯做什么事认定"会成功"，就会只关注那些促成成功的信息；如果习惯性担心"可能会失败"的话，关注点就会更多放在那些会导致失败的信息上。

消极还是积极，思维习惯的倾向性，决定了对于影响我们行为的信息关注点。

"这份计划书估计是通过不了了。"
"竞争对手B公司会不会杀个回马枪呢？"
"会不会出什么问题呢？"
"招聘广告已经发布了，可是会不会根本没人来应征呢？"

如果带着消极心态去搜集信息，就会发现不利的负面信息越来越多，自己也会越来越担心，最后内心认为自己注定会失败。

自从网络诞生之后，我们进入了信息泛滥的时代。庞大海量信息中，有些是有价值的，有些则是毫无价值的。如果不加选择胡乱搜集信息，两种信息混杂在一起，很有可能搜集到可信度极低的信息。

正因如此，我们需要冷静地、有选择性地搜集信息。搜集那些徒增不安的没有价值的信息，完全是浪费时间。

高效人士，会有意识地屏蔽部分无价值的信息。

听说原美国棒球联盟的一郎先生，在服役期间，从来不看体育类报纸。

原因据说是看了报纸后就会感觉到焦虑、压力，内心就会摇摆不定。

那些负面信息，不看也罢，看了对能力提升也没什么帮助，反而会影响实力的发挥。

这位一郎先生，为了保持平常心，有意识地屏蔽了不利信息。

完全不受他人影响，处理任何事都可以依靠自己钢铁般意志，这样的人自然另当别论。大多数情况下，普通人都比较容易受到负面信息的干扰。

选择性屏蔽的信息，不仅包括来自网络或报纸等媒体的信息，还包括来自他人的信息。

不安、担心等情绪，都会干扰人的思考，而这正是导致效率低下的元凶。

想要工作进展顺利，排除各类干扰源必不可少。

高效秘诀：有意识地屏蔽负面信息。

高效人士规律性减压
低效人士累积性减压

最理想的状态当然是不让工作压力持续堆积。

当然,适度的压力是提高专注力不可或缺的因素。但是,如果压力过大,只会导致身心疲惫。

当身心都处于疲惫状态,就很难产生灵感的火花,也很难积极专注地工作,工作效率自然也就慢下来了。

自己手头的工作已经全然应接不暇,更别提有多余的时间去关注其他人了……

为了避免这种情况发生,需要有意识地学会减少压力。

低效人士想减压,大多会选择长假旅行之类的方式。

例如:去往南方的岛屿放松放松,去京都逛逛寺庙,或者回到老家陪陪父母,与当地的朋友聚一聚什么的,通过这样的方式释放压力。

曾经我也是这样，在休完长假之后，感觉精神焕然一新，工作状态也恢复得很好。

但是，职场是非常繁忙的。回到公司后过了两周，就又变回原来疲惫不堪的状态，甚至让人怀疑之前休的长假是不是白休了。

的确，通过休长假减压是不错的方式。但是当这个长假休完，下一个长假到来还需要等待好几个月。前后两段假期之间，工作压力是不断累积的，压力越来越大，最后就会觉得每天度日如年。

与之相反，高效人士大多会选择阶段规律性减压方式。

每当感觉压力变大，影响工作状态，他们就会及时想办法释放压力，而不会任由压力堆积。

此时，可能有人就会想到喝点酒、和朋友聊天发点牢骚之类的方法。

少量饮酒确实可以帮助减轻压力。然而，如果因为压力而大量饮酒，必然又会影响到第二天的工作状态。

与朋友聊聊天，发发牢骚，解决不了任何问题，反而还容易陷入自我厌恶状态中，压力反而变得更加严重。

高效人士下班后，往往有自己独立释放压力的方法。

可以看看以下例子。

- 登上通勤必经之路的某个制高点，发发呆看看周围的景色。
- 在绿树成荫的街道上散散步。
- 喜欢的音乐调到最大声痛痛快快地听一场。

- 一个人去唱卡拉OK。
- 下班坐电车时看喜欢的小说。
- 练习单人网球。
- 安排足底按摩。
- 看场喜欢的电影。

在上面列出的减压方式中,特别推荐散步、活动身体等,这些方式不仅能有效释放压抑,而且还是零成本。

每当感觉到压力存在,就及时想办法减压。这样每天就会变得轻松愉快,不容易出现压力过载的情况。

工作和生活都安排得井井有条、张弛有道,就会感觉每天都很充实,自然也会好运连连。

高效秘诀:压力需要及时释放。

高效人士能接受不完美
低效人士过度追求完美

许多人认为，工作时的状态必须要尽可能做到完美。

然而，正如工作情况常有变化一样，人的状态一直保持稳定也是极为困难的。

原本一天八小时工作时间，一直能够持续一定的工作表现的人，几乎是没有的。

即便是非常优秀的职场员工，也有可能因为疲劳或身体不适、情绪不好、注意力不集中等原因，工作中也难免出现瑕疵或失误。

因为费尽心思，想追求零瑕疵，结果心理负担加重，疲劳过度，反而有可能导致工作状态持续恶化。其次，任何人，在工作时，都有状态极佳和完全不在状态的时候。

例如，提交计划书的截止日期之后，因为之前高强度的工作，更加容易出现纰漏。头天晚上睡眠充足，第二天上午必然工作做到比较完美。

高效人士，非常清楚自己可能出现失误的情况。因此，会在容许失误的前提下，合理安排时间来制订工作计划。

<u>不是费力地追求完美，而是尽力想好对策，处理可能出现的失误。</u>

- 周一上午一直都是各部门会议非常疲惫，下午状态不佳。
- 周三下午4点前必须完成报告书，提交给贸易方的B公司，之后感觉工作松懈下来。
- 周四上午10点到11点，一早就被参加经营会的部长点名批评，工作积极性急剧下降。
- 午餐后下午1点到2点半之间，非常困，事务性的工作进展缓慢。
- 周五下午，一周工作的疲劳堆积起来，工作效率怎么都无法提高。

其他，比如突然临时有其他工作安排、某个重大项目问题刚刚处理完、私人问题的烦恼出现了，在以上时间段工作，即使不断鞭策自己要努力，但是状态依然不尽如人意。

<u>在容易出错的状态下，从事创造性工作，基本上毫无进展。</u>

即便是好不容易勉强完成，做出的东西肯定也会水平低下，最后有可能必须重新制作，结果工作量不减反增。

面对这种情况，高效人士往往会采取以下对策。

1. 重要工作统筹安排，避开容易失误时间段

在自己工作状态较好的时间段，全力提升工作效率。需要专注力的工作或者制作计划书之类的工作，脑力劳动的创造性工作，在状态好的时间段统一安排处理。

2. 力所能及简单处理的工作，安排在稍微放松的时间段

负责交通时间安排、沟通联系等简单且有成就感的工作、自己擅长的工作、重复短时间就可以完成的工作，这样专注力不够也足以应付的工作，可以选择在稍微放松点的时间段做。

3. 设置失误最小化的仪式

设定一个将失误最小化的仪式，然后花点时间去做。比如说类似下面这个例子。

- 喝杯咖啡。
- 吃一块提神醒脑的口香糖。
- 一边做体操一边散步。
- 看看激励人的名人名言。

- 在会议室里闭关。
- 听听海浪等治愈系的声音。

像这样,将失误减少到最低的方式,可以放松放松大脑、活动活动身体,简单易行。

归根结底,人是情感动物。无论采取怎样的对策也未必能够做到没有任何瑕疵。无论将失误控制到多小的范围,依然要明白,最关键的是如何应对可能的失误。

重要的是,了解自己容易失误时的时间段,容易失误的行为,明白失误是常态,然后根据情况分析,思考对应策略将其最小化,从而推进工作进度。

需要注意的是:过于追求完美,反而可能压低工作效率。

高效秘诀:失误是常态,须合理对待,制定对策。

后记

感谢您耐心地读完本书。

不知您有何感受?

有可能会恍然大悟"难怪有的人工作效率高,有的人工作效率低"了吧。

在此,我再补充几个在本书中没提到的高效秘诀,与大家分享。

首先是明确。提高工作效率,必须明白自己最想做的事情是什么。

这是我在研修等交流经验过程中的心得。有明确的目标,知道自己要做什么,这样的人,提高工作效率花费的时间相对较少。

例如说,类似以下的明确目标。

- 想参加英语口语培训。
- 想挑战职业相关资格考试。
- 想要独立创业,参加创业培训。
- 为了健康想要学习瑜伽。
- 想要跑一次全程马拉松(想要训练)。
- 想要陪伴孩子一起玩耍。

- 想安排出看小说的时间。
- 想要重新组个乐队。

以上目标一目了然。首要的一步，是确定你最想实现的愿望。在此基础上，参考本书推荐的方法，从中选择适合自己的一两个试试看。

其次，不要期待一次到位、一蹴而就。这一点很重要。

如果总是急于求成，就会很容易出现混乱不堪、半途而废的情况。

改变习惯，并非易事。有意识地尝试看，反复尝试中，慢慢地一步步习惯成自然。

一旦开始执行计划，至少保持三周左右持续努力。

待到计划成习惯，习惯成自然，再接着挑战下一个目标。

通过阅读，希望读者朋友们有所改变：在提高工作效率、提升工作业绩的同时，保持身心健康、幸福快乐的状态。这是我作为作者的最大期待。

阅读完本书，通过标示关键词标签可以通过微信、微博发表您的感想。

尝试本书中的方法后，如果发现工作效率提高，欢迎大家踊跃分享您的成功经验。

最后，编写本书时，得到诸多朋友同行的热心帮助，在此向各位表示真挚的谢意！

此外，在编写本书的过程中，也获得各位客户朋友大力支持，在此向各位表示衷心感谢！

欢迎广大读者朋友们积极参与到交流与分享的行列中！

吉田幸弘　于神户